재미있는 이야기로 배우는

스토리텔링 논리교실

재미있는 이야기로 배우는
스토리텔링 논리 교실 ①

펴 낸 날 2015년 4월 24일 1판 1쇄

기　　획 어린이동아·김임숙
엮 은 이 장은경
그 린 이 이창섭
펴 낸 이 강유균
교정·교열 이교숙
디 자 인 차정아 김대수

임프린트 어린이동아
펴 낸 곳 리드리드출판(주)
출판등록 1978년 5월 15일(제 13-19호)
주　　소 서울 마포구 마포대로 12, 808호(마포동, 한신빌딩)
전　　화 (02) 719-1424
팩　　스 (02) 719-1404
이 메 일 gangibook@naver.com

ISBN 978-89-7277-403-7 (74800)

- 저자와의 협약에 따라 인지는 붙이지 않습니다.
- 이 책은 저작권법에 따라 보호를 받는 저작물이므로 무단전재와 무단복제를 금지하며, 이 책 내용의 전부 또는 일부를 이용하려면 반드시 리드리드출판(주)의 서면 동의를 받아야 합니다.
- 이 책의 내용과 삽화는 삼성당의 동의하에 저작권자의 승낙을 받아 게재한 것입니다. 원저작자와 저작권에 이의가 있거나 저작권자를 찾지 못해 게재를 허락받지 못한 자료의 경우 저작권자가 확인되는 대로 게재 허락을 받고 소정의 사용료를 지불하겠습니다.
- 어린이동아는 리드리드출판(주)의 출판브랜드입니다.
- 잘못된 책은 바꾸어 드립니다.
- 책값은 뒤표지에 있습니다.

이 도서의 국립중앙도서관 출판예정도서목록(CIP)은 서지정보유통지원시스템 홈페이지(http://seoji.nl.go.kr)와 국가자료공동목록시스템(http://www.nl.go.kr/kolisnet)에서 이용하실 수 있습니다.(CIP제어번호: CIP2015008596)

재미있는 이야기로 배우는
스토리텔링 논리 교실 ①

어린이동아·김임숙 기획 / 장은경 엮음 / 이창섭 그림

어린이동아

책을 읽기 전에

많은 학생이 심지어 어른들까지도 '논리는 무척 어려운 것'이고, 논술 역시 '논리' 때문에 골치 아픈 공부라고 생각합니다. 하지만 '논리'는 절대 어렵거나 골치 아픈 공부가 아닙니다. 사람은 '논리적인 동물'이니까요.

정답은 있을 수 없지만 오류를 지적하거나 반박하는 경우는 가능합니다. 사람마다 생각이 다르고 상황에 따라 판단은 변할 수도 있으니까요. 그러나 다른 사람을 이해시키거나 설득할 만큼의 충분한 이유를 들면 됩니다. 그게 바로 '논리'이지요.

기본적인 논리는 가르치거나 공부해서 익힐 수 있는 과목이 아닙니다. 대신 여러 상황 속에서 스스로 생각하고 적용하는 연습을 통해 논리력을 키울 수는 있습니다.

그러려면 사물이나 상황을 주어진 그대로 받아들이는 게 아니라 '왜 그럴까?' 하고 물음을 가지거나 그 이유를 찾고자 노력해야 한다는 점입니다. 스스로 질문을 만들고 그 의구심을 충족시킬 해답을 찾기 위해 책을 읽거나 관련 정보를 찾으며 다양한 경험을 직접 해 보도록 방법을 제시하는 것이 옳은 방법입니다.

선생님이 만난 아이들 중에는 질문을 하지 않는 애들이 많았어요. 그냥 선생님이 가르쳐주는 것만 외우려고 했습니다. 오히려 선생님이 질문하면 답을 찾으려는 대신, 그저 '몰라요!'라고만 했습니다. 학교 들어가기 전에는 엄마를 귀찮게 하며 이것저것 꼬치꼬치 캐묻던 아이들이 이제는 생각하는 것을 도리어 귀찮아합니다.

  이 책에는 짧고 재미있는 이야기들이 아주 많습니다. 옛날 전래 동화뿐만 아니라 외국의 유명한 사람들의 일화, 그리고 지금 살고 있는 현재의 우습고 썰렁한 농담들까지 다양한 이야기들이 담겨 있어요. 그 이야기들을 읽다 보면 여러분은 '왜?'라는 질문을 가지며 스스로 논리적으로 생각하는 방법과 규칙을 자연스럽게 알게 될 거예요. 그러면 다른 사람과 대화하는 일도 훨씬 편해질 뿐만 아니라 세상을 이해하고 변화시키는 데 자신 있는 목소리를 낼 수 있을 것입니다.

  먼저 '논리는 어렵다.'는 생각부터 버리세요. 그리고 재미있는 이야기를 통해 논리를 차근차근 익히고 생활 속에서 활용해 보세요.

  그러면 여러분은 누구보다 똑똑하고 바르게 살 수 있을 것입니다.

엮은이 장은경

차례

 1장 논리의 기본 법칙

나무 그릇 값은 물건 크기만큼 주는 것 12
이 창으로 이 방패를 찌르면? 26
항아리 속의 남은 쪽지 42
그런 엉터리 같은 판결이 어디 있어요? 56

2장 논증과 논박

그때는 저 개가 없었소! **82**
달은 이미 지고 난 다음이야 **92**
천당에는 왜 못 가게 된단 말이냐? **104**
죽은 사람이 과연 살아날 수 있는가 **112**
선인지 악인지 들을수록 헷갈려 **120**
계집 때문에 신세를 망쳤어 **132**
그건 또 무슨 엉뚱한 소리예요? **140**
아주 정확한 대답이오, 합격! **148**
송아지를 말의 새끼라고 우기는 사또 **162**
이건 내가 자네에게 주는 사랑의 매야 **172**
수말이 낳은 망아지를 얻어오게 **180**
머리에 부스럼이 나서 깎았을 뿐인데 **190**

논리의 기본 법칙

개념이나 판단, 추리를 막론하고

그 어떤 사고 형식에서나 공통으로 지켜야 할

논리의 기본 규칙들에는

동일률, 모순율, 배중률, 충족이유율 등이 있습니다.

지금부터 하나하나 알아볼까요?

나무 그릇 값은 물건 크기만큼 주는 것

이 창으로 이 방패를 찌르면?

항아리 속의 남은 쪽지

그런 엉터리 같은 판결이 어디 있어요?

나무 그릇 값은 물건 크기만큼 주는 것

어느 고을에 콩알도 아까워 반 쪽으로 쪼개 먹는다고 소문난 구두쇠 양반이 살고 있었습니다.

원래 공짜라면 양잿물도 많은 것으로 골라 먹으려 하고, 감기조차 남들한테 옮겨 줄까 봐 조심하는 위인인데다가 성미까지 고약해 장사꾼도 그 집 문 앞은 지나가기를 꺼려할 정도였지요.

하루는 솜씨 좋기로 소문난 옆 동네 목수 총각이 읍내에 장 보러 가다가 이 집 앞을 지나갔습니다. 대문 앞에 쭈그리고 앉아서 오가는 사람들을 지켜보던 양반은 목수 총각을 보자 반갑게 불러 세우며 부탁했습니다.

"이보게 목수 총각, 마침 기다리던 참이네. 다음 번 산에서 내려올 때 나막신 한 켤레만 만들어다 주게. 나는 키는 작아도 발은 큰 편이니 좀 큼직하게 만들게. 값은 후하게 주겠네."

총각은 읍내에서 돌아오자 산에 올라가 고운 참나무를 골라 나막신 한 켤레를 곱게 팠습니다. 그리고 동백기름으로 윤기가 나게 해 두었다가 며칠 후 양반 댁에 갖다 주었습니다.

양반은 나막신을 받아들고 찬찬히 살펴보았습니다. 그런데 그 총각의 솜씨가 워낙 뛰어나 나막신은 값이 꽤 나갈 것처럼 보였습니다. 양반은 이리저리 궁리하다가 물었지요.

"그래, 값은 얼마나 받겠나?"

"공짜로 해 드렸으면 좋겠으나 이 일로 먹고 사는 처지이니 알아서 품값이나 주시지요."

"음, 서로 모르는 처지도 아니고 하니 이렇게 하세. 예로부터 나무 그릇 값은 물건 크기만큼 주는 법이니 나막신에 담길 만큼 좁쌀을 주지."

총각은 속으로 괘씸한 생각이 들었지만 세도 있는 양반이라 거역도 못 했습니다. 다만 나막신에 담아 주는 좁쌀을 받아가지고 맥없이 집으로 돌아올 수밖에 없었지요.

그 후 며칠이 지났습니다. 총각이 또 읍내에 장 보러 가다가 양반네 집 앞을 지나는데 구두쇠 양반이 그를 보고 또 불러 세웠습니다.

"이봐 목수 총각, 잘 있었나? 소구유가 있어야 하겠는데 다음 번에 장 보러 올 때 큼직하게 하나 만들어 오게. 내가 언제 공짜로 일을 시키던가? 이번에도 부탁하네."

"그렇게 합죠. 그런데 얼마나 크게 만들까요?"

"그거야 더 물을 게 있나? 크면 클수록 좋지."

총각은 그 길로 곧장 산으로 올라갔지요.

이번엔 고약한 양반을 골려 주려고 굵기가 두 아름이나 되고 길이는 삼십 자나 되는 나무를 베어다가 구유를 만들었습니다. 그러고는 며칠 후 구유를 달구지에 싣고 양반네 집으로 갔습니다.

구유를 본 양반은 흐뭇해서 말했습니다.

"구유가 좀 짧기는 하네만 쓸만 하구먼. 그래 값은 얼마나 받겠나?"

"예, 서로 모르는 처지도 아니니 많이 받을 수 없지요. 그냥 저 구유에 좁쌀이나 가득 채워 주시지요."

"예끼, 무식한 녀석! 산에 흔해 빠진 나무로 대강 만든 구유가 그렇게 비싸단 말인가?"

그러자 목수 총각은 양반을 매섭게 쏘아보며 말했지요.

"아니, 값은 어른께서 일전에 정한 것이 아니옵니까? 예로부터 나무 그릇 값은 물건 크기만큼 주는 것이라고요!"

제딴에는 잔꾀를 써서 총각의 품값을 등쳐먹으려 한 것인데 그만 제가 정한 품값이라 하는 수 없었습니다. 그래서 양반은 그 큰 구유에 좁쌀을 가득 채워 목수 총각에게 주었지요.

- 구두쇠 영감의 속셈은 무엇이었나요?
- 목수 총각은 구두쇠 영감에게 어떤 방법으로 복수를 했나요?
- 이런 경우에 어울리는 속담에는 무엇이 있는지 찾아보세요.

동일률이란 무엇일까

지금까지 우리는 개념, 판단, 추리들을 공부했습니다. 그리고 개념에서 주의해야 할 점, 판단에서 지켜야 할 규칙, 추리에서 지켜야 할 규칙들에 대해서도 알아보았지요.

그런데 개념이나 판단, 추리를 막론하고 그 어떤 사고 형식에서든 공통으로 지켜야 할 규칙은 없을까요?

예, 있습니다. 그것은 바로 동일률, 모순율, 배중률, 충족이유율입니다.

이러한 규칙들은 논리적 사고의 일반적 특징을 개괄적으로 표현하며 모든 논리적 형식에 다 적용되기 때문에 논리의 기본 법칙이라고 합니다.

그럼 지금부터 논리의 기본 법칙들을 하나하나 알아봅시다.

앞에서 든 〈나무 그릇 값은 물건 크기만큼 주는 것〉은 동일률을 설명하기 위한 이야기입니다.

구두쇠 양반은 어째서 그 큰 구유에 좁쌀을 채워 주지 않으면 안 되었을까요?

그건 바로 구두쇠 양반이 동일률을 어길 수 없었기 때문이랍니다.

그럼 동일률이란 무엇일까요?

동일률이란 동일한 사고 과정에서 개념 또는 판단은 반드시 동일성을 유지해야 한다는 법칙입니다.

이것은 앞에서 썼던 개념이나 판단은 뒤에서 쓸 때에도 동일하게 그 뜻으로 써야지 제멋대로 다른 것으로 바꿔서는 안 된다는 법칙입니다.

이를 테면 장소, 상황, 만난 사람에 따라 일관성 없이 말과 생각을 이랬다 저랬다 바꿔서는 안 된다는 것입니다.

앞의 이야기에서 나막신 값을 치를 때와 소구유 값을 치를 때가 시간상으로는 다르지만 값을 정하는 양반의 사고 과정은 동일한(같은) 것이지요.

그러므로 '나무 그릇 값은 물건 크기만큼이다.'라는 판단은 앞에서나 뒤에서나 반드시 동일해야(똑같아야) 합니다.

총각은 바로 이 점을 잡아 구두쇠 양반을 꼼짝 못 하게 혼내 주었습니다.

동일률은 다음과 같은 형식으로 표시합니다.

- A는 A다.

'A'는 어떤 개념이나 판단을 표시하고 'A는 A다.'는 동일한 사고 과정 중에서 'A'가 그 자체의 동일성을 유지해야 한다는 것을 의미합니다.

한 가지 이야기를 더 해 볼까요?

근대 러시아의 유명한 소설가 안톤 체홉(Anton Chekhov, 1860~1904)은 단편소설 〈카멜레온〉에서 경찰서장 오츄멜로프의 변덕을 아주 생동감 있게 묘사하였는데, 이야기의 줄거리는 대체로 다음과 같습니다.

개가 사람의 손가락을 물어 상처를 입힌 사건이 발생했습니다. 경찰서장 오츄멜로프가 이 사건을 맡아 조사하게 되었습니다.

"이건 누구네 개요? 개를 함부로 풀어 놓다니! 법을 위반한 사람들에게는 당연히 벌금을 안겨야 해. 더러운 녀석들!"

이어 서장은 순경 엘드린에게 명령했습니다.

"개 주인을 찾아보게. 그리고 개는 꼭 죽여 버려야 해. 틀림없이 미친 개일 테니까."

이때 모였던 사람들 속에서 누군가 말했습니다.

"그 개는 쥐갈로브 장군네 개 같소!"

그러자 서장은 개에게 물린 사람을 나무랐습니다.

"이렇게 작은 개가 어떻게 자네 손가락을 물 수 있나? 혹시 자네 못에 손가락을 찔리고 개를 뺏으려는 수작이지? 난 네놈의 속셈을 다 알아!"

그런데 순경 엘드린이 불쑥 한 마디 했습니다.

"서장님, 이 개는 장군네 개가 아니랍니다."

그러자 서장은 다시 언성을 높였지요.

"나도 알고 있어. 그 장군댁에는 값비싼 순종뿐이야. 그런데 이건 어디서 빌어먹던 잡종이야! 털로 보나 생김새로 보나 싸구려 잡종개야. 이봐, 자네가 몹시 다친 만큼 내가 개 주인을 찾아 단단히 혼내 주겠네."

또 누군가 소리쳤습니다.

"장군네 개가 맞답니다."

그러자 서장은 순경에게 명령했습니다.

"개를 끌고 장군댁에 가서 물어 보게. 그리고 내가 보내서 왔다고 전하게. 이 개는 값비싼 것일 거야. 그리고 온순한 개지."

서장은 다시 개에게 물린 사람을 쏘아보면서 소리쳤습니다.

"이 짐승 같은 놈아, 팔을 내려! 네 그 쇠꼬챙이 같은 손가락을 내리란 말이다. 네놈이 조심하지 못해 생긴 일을 여기 와서 대체 어쩌라고 하는 말이냐?"

이때, 장군댁 요리사가 전갈을 받고 달려왔습니다. 그는 이 개가 장군님 댁 개가 아니라고 말했습니다.

그러자 서장은 벌컥 화를 내며 호통을 쳤습니다.

"이건 주인 없는 강아지야! 더 이상 말할 필요도 없어. 때려 죽이면 그만이야!"

이 말에 장군댁 요리사가 다급히 나서며 말했습니다.

"이 개는 장군님 댁 개가 아니라 장군님 동생 댁에서 기르는 개입니다."

그러자 서장은 만면에 상냥한 웃음을 띠우면서 말했습니다.

"그래? 장군님의 아우님이 오셨어? 이게 그분의 강아지로군. 참 반가워. 참 이쁜걸. 어쩜 이리도 영리하게 생겼을까! 이 녀석이 이 사람의 손가락을 덥석 물었구먼! 하하하! 떨기는 왜 떨어? 덜덜… 덜덜… 화가 나셨구먼……. 참 강아지두……."

서장은 이어 물린 사람을 보고

"너 나중에 두고 보자!"

하고 으름장을 놓고는 제 갈길을 갔습니다.

이 이야기에서 경찰서장은 정말 비열하지요? 그는 동일한 사건을 판단함에 있어서 동일성을 유지하지 않고 이랬다 저랬다 마음대로 판단을 달리 했으니까요.

그리고 동일한 개에 대해서도 밉살스러운 개, 예쁜 개, 미친 개, 온순한 개, 순종, 잡종, 값비싼 개라고 하면서 동일률을 지키지 않았습니다.

만약 경찰서장이거나 판사, 변호사와 같은 사람들이 이런 원칙을 지키지 않는다면 사회가 어떻게 되겠어요? 아마 사회는 공정한 기준 없이 엉망진창이 되고 말 거예요.

그러니 동일률은 반드시 지켜야 할 아주 중요한 법칙이지요.

동일률을 지키지 않으면 대상에 대한 확정적인 내용이 없게 되고 객관적인 사물과 현상을 올바르게 반영할 수 없습니다.

그러므로 동일률은 모든 긍정 판단의 기초가 된답니다.

　월드컵 4강 신화를 이룩한 우리나라의 축구열기를 이어나가기 위해 세계적인 축구 경기가 열렸습니다.

　이번 경기는 2002년 한·일 월드컵을 공동으로 개최해 성공적으로 이룩한 한국과 일본 두 나라의 친선을 도모하는 경기였지요.

　전국은 또 한번 '대~한민국!'의 함성과 붉은 색깔의 응원 인파로 술렁거렸습니다. 축구에 대한 국민들의 사랑에 보답이라도 하는 듯 세계적인 스타로 떠오른 안정환 선수가 결승골을 넣었습니다.

　안 선수는 이번에도 멋진 골세러모니를 펼쳤습니다. 그런데 이번에는 웃통을 벗고 운동장을 가로질러 환하게 웃으며 뛰어갔습니다.

　벗은 안 선수의 오른쪽 어깨에는 십자가가, 그리고 왼쪽 어깨에는 영어로 '혜원 러브 포에버'라고 적혀 있는 것이 텔레비전을 통해 보도되었습니다. 부인에 대한 사랑이 지극한 안 선수를 보고 사람들은 멋있다며 박수를 보냈지요.

　그리고 해설자는 안 선수가 다음 주엔 군 복무를 위해 4주간의 훈련을 받으러 입대한다는 소식을 전해 주었습니다.

　축구 경기가 끝나고 뉴스가 방송되었습니다. 뉴스에서는 군 입대를 기피하려다 경찰에 의해 검거된 사람들에 관한 기사를 보도했습니다.

보도를 통해 우리나라에서는 문신을 시술하고 또 시술받는 일 자체가 법으로 금지되어 있다는 것을 알게 되었습니다. 그리고 조직폭력배와 병역기피자들의 화려한 문신을 보면서 문신이 범죄의 원인이라는 것을 깨달았습니다.

생각해보세요

- 안정환 선수의 몸에 새겨진 문신에 대한 방송에서의 반응은 어떻게 비춰졌나요?
- 뉴스에서는 문신을 새기는 사람들에 대해 어떤 생각을 하게 했나요?
- 두 가지 상황에서의 같은 점과 다른 점은 무엇인가요?

이 창으로 이 방패를 찌르면?

옛날에 창과 방패를 파는 젊은이가 있었습니다.

어느 날 그는 장터에 와서 사람들이 제일 많이 모여드는 복판에 비비고 들어와 목청을 돋우어 소리쳤습니다.

"자, 여러분! 창과 방패를 사십시오. 이 방패보다 단단한 건 세상 어디에도 없습지요. 아무리 날카로운 창도 척척 막아 내는 단단한 방패랍니다. 이 방패가 막지 못하는 창은 하나도 없습니다. 그러니 이 방패를 가지고 싸움터에 나가면 어떤 적을 만나도 끄떡없지요. 자, 어떤 창도 다 막아 내는 단단한 방패를 사세요!"

이 소리를 듣고 사람들은 더더욱 모여들었습니다.

어떤 사람들은 장사꾼이 자랑하는 방패를 직접 만져 보았습니다. 그 방패는 장사꾼의 말처럼 정말 단단해 보였어요.

장사꾼은 신바람이 났습니다.

그는 이번에는 창을 치켜들고 자랑했습니다.

"자, 여러분! 이 창을 보십시오. 이 창은 무쇠도 꿰뚫는 날카로운 창입니다. 이 창만 가지고 있으면 아무리 튼튼한 방패를 가진 적을 만나도 단번에 해치울 수 있지요. 이 창으로 뚫지 못하는 방패는 세상에 하나도 없으니까 말입니다. 자, 그 어떤 방패도 다 뚫

는 날카로운 창을 사세요!"

 사람들은 장사꾼이 자랑하는 창도 만져 보았습니다. 그 창은 정말 날카로워 보였습니다.

 이때, 한 사나이가 빙긋이 웃으면서 장사꾼에게 큰 소리로 물었습니다.

 "이 창으로 못 뚫는 방패는 하나도 없나요?"

 "그럼요. 하나도 없지요!"

 "그럼, 이 방패로 못 막는 창은 하나도 없나요?"

 "아, 그렇다니까요!"

 그러자 그 사나이는 모두들 들으라는 듯이 더욱 큰 소리로 물었습니다.

 "여보시오, 당신의 말대로 하면 당신의 창은 그 어떤 방패도 뚫으며, 당신의 방패는 그 어떤 창도 뚫지 못한다는 거지

요? 그렇다면 당신의 창으로 당신의 방패를 찌르면 어떻게 되나요?"

"이 창으로 이 방패를 찌르면?"

장사꾼은 입만 우물우물할 뿐 아무 대답도 하지 못했습니다.

그러자 모여 있던 사람들이 '와아…….' 하고 웃음을 터뜨렸습니다.

"정말 그렇군! 어떤 방패라도 꿰뚫는 창으로 어떤 창이라도 막아 내는 방패를 찌르면 어떻게 되는 거야?"

"그러고 보니 저 장사꾼은 순 엉터리구먼!"

그러자 장사꾼은 얼굴이 빨개져서 주섬주섬 창과 방패를 걷어 가지고 슬그머니 그 자리를 피하고 말았답니다.

모순율이란 무엇일까

장사꾼은 어찌하여 말문이 막히게 되었을까요?

그것은 그가 바로 모순율을 위반하고 자체모순에 빠졌기 때문입니다.

그러면 모순율이란 무엇일까요?

모순율이란 어떤 사고 대상에 대하여 같은 시간에 서로 모순되는 두 판단을 내려서는 안 된다는 법칙입니다.

만약 자기와 사이가 나쁜 애가 거짓말을 하면 '거짓말을 하면 나쁜 애야!' 하고 욕하고, 자기와 친한 애가 거짓말을 하면 '거짓말을 해도 착한 애야!' 하고 두둔한다면 모순율에 어긋나는 것이 됩니다.

창과 방패를 파는 그 장사꾼도 모순율을 어겼습니다.

'나의 이 방패는 그 어떤 창도 뚫을 수 없다.'는 것은 '나의 이 창은 나의 이 방패를 뚫을 수 없다.'는 것을 의미하지요.

그리고 또 '나의 이 창은 그 어떤 방패도 뚫을 수 있다.'는 것은 '나의 이 창은 나의 이 방패를 뚫을 수 있다.'는 것을 의미하지요.

이와 같이 동일한 대상 '나의 이 창'에 대하여 처음에는 '나의 이 창은 나의 방패를 뚫을 수 없다.'고 하고, 다음에는 '나의 이 창은 나의 방패를 뚫을 수 있다.'고 했으므로 모순율을 어긴 셈이지요.

모순(矛盾)이라는 말은 바로 앞의 '창(矛:창모)'과 '방패(盾:방패순)'의 이야기에서 나온 말입니다. 바로 창과 방패를 파는 그 장사꾼과 마찬가지로 말의 앞뒤가 서로 맞지 않을 때를 가리켜 모순이라고 부르게 되었습니다.

모순율은 다음과 같은 형식으로 표시합니다.

• A는 A가 아닌 것이 아니다.

'A'는 어떤 개념이나 판단을 표시하고 'A가 아닌 것'은 'A'에 대한 부정을 표시합니다.
'A는 A가 아닌 것이 아니다.'는 'A'라는 것은 'A' 아님이 아니라는 것을 의미합니다. 이게 대체 무슨 말일까요?

모순율은 어떠한 판단에서든지 서로 모순되는 판단을 동시에 내리는 것을 허락하지 않아요. 만일 모순율의 이 요구를 무시하고 동일한 대상에 대하여 동일한 시간과 관계 아래 모순되는 두 판단을 내린다면 이 두 판단은 동시에 참일 수 없고 그 중 하나는 꼭 거짓으로 됩니다.
이와 연관된 우스운 이야기를 하나 읽어 볼까요.

한 고을에 마흔이 넘도록 장가도 못 간 채 홀로 지내는 늙은 총각이 있었습니다.
그는 얼굴이 예쁘건 밉건 상관없이 그에게 시집오겠다는 여자만 있으면 장가를 들려고 갖은 애를 썼지만 아무도 시집 오려는 사람이 없었습니다.

게다가 그는 무척 거만했습니다. 언제나 만나는 사람에게 이렇게 조언했지요.

'세상에 믿을 여자는 하나도 없어. 여자들이 하는 말은 절대로 믿으면 안 돼!'

하지만 그의 말을 듣고 그 말이 진심이라고 생각하는 사람은 아무도 없었습니다.

어느 날, 못된 이 늙은 총각을 한 번 혼내 주려고 한 젊은이가 찾아와서 이렇게 물었습니다.

"한 가지 물어 볼 게 있는데……. 저… 여자의 말을 들어야 하오, 듣지 말아야 하오?"

늙은 총각은 어처구니없는 물음이라는 듯이 정색하면서 대답했습니다.

"아, 이 사람아! 여자란 원래 믿을 족속이 못 된단 말이야. 여우

같은 여자의 꼬임에 빠져 신세를 망친 멍청한 남자들의 이야기도 못 들어 봤나?"

"잘 알았소. 한데 물어 보려고 했던 것은 다름이 아니라 앞마을의 과부 한 분이 당신한테 청혼해 달라고 부탁을 해 와서……."

젊은이는 이 말을 남기고 훌쩍 문 밖으로 돌아섰습니다.

그러자 늙은 총각은 삽시간에 얼굴이 화끈 달아올랐습니다. 마흔이 넘도록 처음 받아보는 청혼이었으니까요.

그는 맨발로 문 밖으로 달려가 젊은이를 막아 세웠습니다.

"이 사람, 젊은이……. 그런데 여자의 말도 때로는 들어야 하네!"

자기 혼자만 잘난 척하며 거만했던 늙은 총각은 젊은이의 꾀에 걸려 자체모순에 빠졌지요.

그는 늘 '여자의 말은 들을 바가 못 된다.'고 하다가 장가를 가기 위해서는 또 '여자의 말도 때로는 들어야 한다.'고 했는데, 이것은 바로 모순율 위반입니다.

따라서 모순 법칙을 적용할 때 다음과 같은 점에 유의해야 합니다.

첫째, 다른 시간에 동일한 대상에 대한 두 가지 부동한 판단이 모순으로 되는가 안 되는가 하는 것은 구체적으로 분석해야 합니다.

예를 들면 '그 애는 공부를 잘 못한다.'와 '그 애는 공부를 잘 한다.'라는 두 판단은 시간의 차이에 따라 둘 다 옳은 판단일 수 있

습니다. 성적이란 언제나 같을 수 없으며 노력하거나 운이 좋으면 좋을 수도 있으니까요. 중간 고사 때는 성적이 나빴지만 기말 고사 때에는 열심히 공부해서 성적이 오른 학생의 경우는 뭐라고 말해야 할까요?

둘째, 동일한 대상에 대해 다른 측면으로부터 내린 부동한 판단은 모순율에 어긋나지 않습니다.

예를 들면 '그는 이미 죽었다.'와 '그는 아직 살아 있다.'라는 두 판단은 다른 측면으로부터 동일한 대상에 대해 내린 다른 판단으로서 서로 모순되는 것이 아니지요.

모순율을 위반하는 논리적 오류에는 주로 다음과 같은 것들이 있습니다.

개념자체모순의 오류

자체모순으로 되어 있는 개념을 주어로 한 판단은 필연적으로

동시에 참이 될 수 없습니다.

예를 들어 볼까요.

제자는 스승인 에디슨에게 이렇게 말했습니다.

"저는 획기적인 약품을 발명하려고 합니다. 그 약품은 어떤 물질이나 다 녹일 수 있는 겁니다."

그러자 에디슨은 제자에게 되물었습니다.

"그렇다면 그 약품을 어떤 그릇에 담아 두려고 하느냐?"

이 물음에 제자는 입을 벌린 채 아무 대답도 못 했습니다.

제자가 발명하려는 그 '어떤 물질이나 다 녹일 수 있는 약품'은 자체모순의 개념입니다. 왜냐 하면 이 개념으로부터 필연적으로 동시에 참이 될 수 없는 다음과 같은 판단이 이루어지기 때문입니다.

- 이 약품은 모든 물질을 다 녹일 수 있다.
- 이 약품은 모든 물질을 다 녹일 수 없다. (왜냐 하면 그것에 녹지 않는 그릇이 있어야 그 약품을 담을 수 있기 때문이다.)

이 두 판단을 동시에 긍정하는 결론은 없습니다.

판단자체모순의 오류

자체모순을 내포하고 있는 판단은 반드시 모순율에 어긋납니다. 예를 들어 볼까요.

할아버지는 아이들에게 용궁에 대한 이야기를 마치면서 이렇게 말했습니다.

"지금까지 용궁에 들어간 사람은 아무도 없었고, 들어간 사람은 아무도 나오지 못했다."

그러자 한 아이가 물었습니다.

"할아버지, 그럼 용궁에서 나오지 못한 사람은 결국 용궁에 들어갔다는 거잖아요?"

그러자 할아버지는 말문이 막혀 대답을 못했습니다.

이 이야기에서 할아버지는 '들어간 사람이 없었다.' 하고는 또 '들어간 사람은 아무도 나오지 못했다.'고 말했으므로(즉 들어간 사

람이 있었다는 말이 되는 셈) 모순율을 지키지 않은 셈이 되지요.

동일한 대상에 대해 동시에 참일 수 없는 두 가지 판단을 내리는 오류

앞에서 예를 들었던 창과 방패를 파는 그 젊은이의 판단이나 오만한 그 늙은 총각의 판단들은 다 동일한 대상에 대해 동시에 참일 수 없는 두 가지 판단을 내렸기 때문에 모순율을 위반했던 것입니다.

따라서 모순 법칙은 모든 부정판단의 기초가 됩니다.

미주알 고주알

　골프에 취미를 붙여 주말마다 골프장에서 살다시피하는 사람이 있었습니다.
　이 사람은 잘난 척하기를 좋아해서 자기가 가진 물건을 누구에게나 자랑했지요.
　어느 날 그는 친구와 함께 골프를 치러 필드에 나갔습니다.
　그런데 그날따라 같이 간 친구의 공이 엉뚱한 곳으로 날아갔습

니다. 물속에 빠지거나 모래 구덩이에 파묻히거나 때론 숲 속으로 떨어져 친구는 공을 찾느라 시간을 많이 허비했습니다.

투덜대는 친구에게 그는 자랑스럽게 말했습니다.

"나한테 아주 귀한 골프공이 하나 있어. 바로 이건데 이 공은 절대 잃어버릴 수가 없지."

벌써 세 개째 비싼 공을 잃어버린 친구는 화가 났지만, 이 사람이 또 무슨 말을 하는지 궁금해서 물었습니다.

"어떻게?"

"이 공은 참 희한해. 공을 잘못 쳐서 모래 위에 떨어지면 계속 이상한 소리를 내거든. 연못에 빠지면 물 위에 둥둥 떠다니고 심지어 야간에는 반짝반짝 빛을 낸다네."

말도 안 되는 허풍에 친구는 정말 화가 나서 소리쳤습니다.

"이봐! 그런 공을 대체 어디서 구했단 말이야?"

"응, 지난번에 저쪽 숲에서 주웠어. 아마 누가 잃어버린 모양이지."

생각해보세요

- 이 말을 들은 친구는 과연 뭐라고 말했을까요?
- 이처럼 말도 안 되는 이야기로 사람들을 혼란시키는 사람들의 또다른 말을 찾아보세요.

항아리 속의 남은 쪽지

임금에게는 권세욕에 가득찬 간신과 매사에 공정하고 현명한 충신이 있었습니다.

그런데 현명한 충신을 눈엣가시처럼 미워하던 간악한 대신은 현명한 대신이 임금을 해칠 역모를 꾸미려 한다는 거짓말로 임금에게 일러바쳤습니다.

임금 역시 자신이 하는 일에 사사건건 따지고 간섭하는 그 신하가 밉던 터였습니다.

그래서 임금은 그 말을 곧이듣고 즉시 그를 쫓아 낼 좋은 방법이 없느냐고 물었습니다.

"방법이 있사옵니다. 있고말고요. 항아리

속에 '생(生)'자와 '사(死)'자를 써 놓은 쪽지 두 개를 넣고 내일 아침 폐하 앞에서 제비를 뽑게 하십시오. 그런 다음 '생'자를 뽑으면 살려 주고 '사'자를 뽑으면 죽이기로 하심이 어떠하온지요?"

그러자 임금은 무릎을 치며 말했습니다.

"거 참 묘한 방법이군! 그런데 그자가 '사'자를 뽑겠는지 '생'자를 뽑겠는지 어찌 알겠느냐. 그러다가 '생'자를 뽑으면 어쩌냐?"

간악한 대신은 간사하게 웃으며 말했습니다.

"그건 염려 마십시오. 제가 알아서 하겠사오니 저에게 맡기십시오."

"음, 그러면 대신만 믿고 있겠노라!"

간악한 대신은 임금이 승낙하자 집에 돌아와 하인을 시켜 쪽지 두 개에 모두 '사'자를 써서 항아리 속에 넣게 했습니다.

간악한 대신의 흉계를 알아차린 하인은 즉시 이 일을 현명한 대신에게 알려 주었지요.

이 일을 안 현명한 대신은 밤새 뜬 눈으로 지새며 묘책을 생각해 냈지요.

과연 아침이 되자 '빨리 입궐하라!'는 어명이 내려졌습니다.

현명한 대신은 즉시 궁궐 안에 들어섰습니다.

거기에는 벌써 모든 신하들이 임금을 모시고 양쪽 옆에 줄지어 서 있었습니다.

이윽고 임금이 호령했습니다.

"듣자 하니 그대가 나를 모해할 역모를 꾸미고 있다지? 그러하니 저 항아리 속의 제비를 뽑되 '생(生)'자를 뽑으면 한 번만 용서해주고 '사(死)'자를 뽑으면 즉시 극형에 처하겠노라!"

그러자 현명한 대신은 주위를 한 번 살펴본 다음, 손을 넣어 쪽지 한 개를 뽑아 펴 보지도 않고 곧바로 입에 넣어 삼켜 버렸습니다.

임금은 노발대발하면서 소리쳤습니다.

"이놈, 왜 쪽지를 펴 보이지 않고 삼켜 버렸는가? 그럼 네가 삼킨 쪽지에 어떤 글자가 써 있는지 알 수가 없지 않느냐?"

현명한 대신은 태연스레 대답했습니다.

"항아리 속의 남은 쪽지를 뽑아 보시면 소인이 삼킨 것이 '생'자인지 '사'자인지 알 수 있을 것이옵니다."

"으흠, 그거야 그렇지!"

임금은 항아리를 가져오라고 명한 다음 남은 쪽지를 꺼내서 펴 보았습니다.

붉으락푸르락하던 임금의 얼굴은 삽시에 새파랗게 질렸습니다. 뽑아 낸 쪽지가 '사'자이니 삼켜 버린 쪽지는 틀림없이 '생'자일 것이기 때문이지요.

임금은 아무 말도 못하고 간악한 대신을 노려보았고, 간악한 대신은 겁에 질려 와들와들 떨기만 하였습니다.

배중률이란 무엇일까

임금은 왜 아무 말도 못 했고, 또 왜 간악한 대신은 와들와들 떨었을까요?

그건 바로 그 자들이 배중률을 어길 수 없었기 때문이랍니다. 현명한 대신은 배중률을 이용하여 간단히 대신의 흉계를 물리쳤지요.

그럼 배중률이란 무엇일까요?

배중률이란 동일한 대상은 같은 시간에 그런 것이거나 그런 것이 아닌 경우가 있을 뿐, 결코 그 어떤 다른 것일 수 없다는 사유의 법칙입니다.

다시 말하면 서로 모순되는 두 판단 가운데 오직 하나만이 옳고 다른 하나는 틀리며, 결코 제3의 판단은 있을 수 없다는 것입니다.

"그 말은 옳기도 하고 틀리기도 하다."

이 말은 배중률에 어긋난 잘못된 말입니다.

그 말은 옳으면 옳다고, 틀리면 틀렸다고 해야지 '옳기도 하고 틀리기도 하다.'고 어정쩡하게 판단해서는 안 되는 것이지요.

위의 이야기에서 임금의 경우도 마찬가지입니다.

임금의 명령대로 한다면 쪽지 둘 중에 하나는 '생'자이고 하나는 '사'자이므로 이것은 서로 반대의 경우를 가리킵니다.

그러므로 임금은 단지 속에 남은 쪽지가 '사'자이니 삼켜버린 쪽지가 '생'자일 뿐 다른 제3의 경우가 있을 수 없다고 인정할 수밖에 없는 거지요.

이리하여 남몰래 두 쪽지에 모두 '사'자를 써 넣고 현명한 대신을 모함하려던 간악한 대신의 계략이 실패로 돌아가고 말았답니다.

배중률은 다음과 같은 형식으로 표시합니다.

- 혹은 A거나 혹은 A가 아니다.

'A'는 어떤 개념이나 판단을 표시하고 'A가 아니다.'는 'A'의 반대의 경우를 표시합니다.

'혹은 A거나 혹은 A가 아니다.'는 'A'라는 긍정판단과 'A가 아니다.'라는 부정판단이 모두 거짓일 수 없으며 그 중 하나는 꼭 참이라는 것을 말합니다.

그러므로 그 대상이 '이런 성격을 가지고 있다.'는 것이 옳으면 그 대상이 '이런 성격을 가지고 있지 않다.'는 것은 틀리지요. 반대로 그 대상이 '이런 성격을 가지고 있지 않다.'는 것이 옳으면 그 대상이 '이런 성격을 가지고 있다.'도 틀립니다.

따라서 이 두 판단 가운데 오직 하나만이 옳고 다른 하나는 틀리며 결코 제3의 판단은 있을 수 없습니다.

- 영숙이는 예쁘다.
- 영숙이는 예쁘지 않다.

이 두 판단 가운데서 어느 한 판단은 옳고 다른 한 판단은 틀렸습니다. 그리고 이 두 판단 중에서 어느 하나만이 옳을 뿐 제3의 판단은 있을 수 없지요. 말하자면 '영숙이는 예쁘기도 하고 예쁘지 않기도 하다.'와 같이 명확하지 않은 제3의 판단은 참이 될 수 없습니다.

이와 같이 배중(排中)률이란 이것도 저것도 아닌 중간(中)을 배제(排)한다는 규율(법칙)이라고도 말할 수 있습니다.

일상 생활 가운데서 배중률을 위반하는 말들을 자주 듣습니다.

"글쎄, 네 주장이 옳기도 하고 틀리기도 해!"

"개혁하면 개혁하는 대로 좋은 점이 있고, 개혁하지 않으면 개혁하지 않는 대로 좋은 점이 있어!"

"귀신은 있기도 하고 없기도 한 거야."

이런 판단들은 다 배중률을 어긴 잘못된 경우입니다. 이런 판단에 직면하면 어떻게 일깨워 주어야 할까요?

맞습니다. "배중률을 위반했으니 중간을 배척해야 한다."고 말해 줘야 합니다.

그런데 배중률을 어긴 오류에는 또 어떤 문제에 대하여 어물어물하면서 대답을 피하는 경우도 있답니다.

이런 우스운 이야기가 있습니다.

한 학생이 자기 생각을 어떻게 말해야 하는지 선생님에게 질문했습니다.

"거 참, 어렵구나!"

선생님은 이렇게 대답하고 나서 말을 이었지요.

"내 이야기를 하나 들려 주지. 어떤 집에서 아들을 낳자 온 집안 사람들이 기뻐서 어쩔 줄을 몰라 했단다. 하루는 아기 아버지가 애를 안고 나와 지나가는 행인들한테 구경시켰지. 축하를 받고 싶었던 거야. 그런데 한 사람이 '이 앤 장차 부자가 되겠구려!' 하고 말했지. 그래서 그 아버지는 머리를 숙여 고맙다고 인사를 했단다. 그리고 다른 한 사람도 '이 앤 앞으로 벼슬을 하겠구려!' 하고 말했지. 그래서 역시 고맙다고 인사를 했단다. 그런데 다른 한 사람은 '이 앤 앞으로 죽겠구려!' 하고 말하는 게 아니겠어? 그래서 아기 아버지는 하인을 불러 그 사람을 흠씬 두들겨 패 줬단다. 세상에 죽지 않는 사람이 어디 있느냐? 그러니 죽을 것이라고 한 것은 사실대로 말한 거고, 도리어 부자가 된다거나 벼슬을 하게 된다고 한 것은 거짓말일 수도 있지. 하지만 거짓말을 한 사람은 대접을 받고 사실대로 말한 사람은 매를 맞았단 말이야. 그러니 사람은……."

그러자 한 학생이 다급히 물었습니다.

"선생님! 저는 거짓말도 하지 않고 매도 맞지 않으려 합니다. 그러자면 전 어떻게 말해야 합니까?"

선생님은 정색을 하고 가르쳐 주었습니다.

"그러면 이렇게 말해야 하느니라. '아아! 이 앤 정말! 이걸 보시오. 얼마나……. 아이구, 헤헤! 헤, 헤헤헤!'"

선생님은 이와 같이 학생에게 명확한 대답을 하지 않고 두루뭉실하게 "아아! 이 앤 정말! 이걸 보시오. 얼마나……. 아이구, 헤

헤! 헤, 헤헤헤!" 하고 얼버무리는 방법을 가르쳐 주었습니다. 이것 역시 배중률에 어긋나는 말입니다.

죽을 것이라고 한 것은 사실대로 말한 것이고, 부자가 된다거나 벼슬을 하게 된다고 한 것은 거짓말이라는 것을 뻔히 알면서도 학생에게 "헤헤! 헤, 헤헤헤!" 해야 한다고 했으니 이것은 고의로 배

중률을 어기라고 가르친 것입니다.

  논쟁의 주제를 회피하는 것, 제기된 문제를 일부러 숨기는 것, 이야기 속 선생님의 가르침대로 문제에 확실한 대답을 하지 않는 것 등은 모두 배중률을 위반하는 전형적인 '양다리 걸치기' 수법이랍니다.

  배중률은 우리의 사고를 보다 분명하게 해 줍니다. 어느 것이 옳고 어느 것이 그른가를 명확하게 해 주지요. 그러므로 배중률은 모든 선언판단의 기초가 됩니다.

고속도로를 과속으로 달리던 한 자동차가 그만 커브길에서 가드레일을 받고 뒤집어졌습니다. 이 차의 운전자는 곧 구급차에 실려 병원으로 옮겨졌습니다. 가슴과 얼굴에 박힌 유리 조각은 수술로 빼냈고 부러진 팔과 갈비뼈는 시간이 지나면 나을 수 있었습니다.

하지만 운전자는 뇌에 큰 손상을 입었습니다. 차가 뒤집힐 때 핸들에 머리를 심하게 부딪혔기 때문이지요. 의사들은 이 환자를 더 이상 어찌하지 못하고 수술을 끝내야 했습니다.

수술실 밖에는 이미 연락을 받고 달려온 가족들이 기다리고 있었습니다.

환자의 부인인 듯한 여자가 물었습니다.

"선생님, 우리 그이는 무사한가요? 어때요? 설마 죽지는 않았겠죠?"

의사가 마스크를 벗고 대답했습니다.

"다행히 댁의 남편은 아직 사망하지는 않았습니다."

의사의 말에 부인은 "하느님, 감사합니다."를 외치며 그 자리에 주저앉았습니다.

그러자 옆에 있던 다른 여자가 부인을 부축하며 일으켰습니다.

"그럼, 언제쯤이면 일어날 수 있을까요?"

다시 한 번 묻는 그 부인의 말에 의사가 대답했습니다.

"대단히 안됐습니다만, 댁의 남편은 현재 살아 있다고 말할 수 있는 상태도 아닙니다."

"아니, 뭐라고요? 선생님, 그게 대체 무슨 말씀입니까? 아직 죽지 않았다고 해 놓고 이번엔 살아 있다고 말할 수도 없다니요? 세상에 그런 말이 어디 있습니까?"

- 의사의 말은 대체 무슨 말일까요?
- 내가 의사라면 이 환자의 상태를 어떻게 판단 내릴까요?

세계 여러 나라에서는 아직도 안락사에 대한 논쟁이 끊이지 않고 있습니다. 유럽의 어느 나라는 안락사를 법으로 금지하는 한편, 일부에서는 장기기증 등을 이유로 안락사 불가피론을 주장하기도 합니다. 여러분은 어떤 의견을 가지고 있나요?

그런 엉터리 같은 판결이 어디 있어요?

가난한 농부와 욕심 많은 부자가 한 동네에 살고 있었습니다.

한 해가 다 지나가고 새해 설이 돌아오게 되었는데, 가난한 농부는 설 명절에 차례 지낼 돈이 없어 족제비나 잡아 팔면 설이라도 쇨 것 같아서 길을 떠났습니다.

농부는 눈길을 헤치며 반나절이나 찾아다닌 끝에 드디어 족제비굴을 하나 찾았습니다. 굴 입구에는 하얀 눈이 덮여 있었는데, 눈 위에 안에서 나온 발자국이 없는 걸로 보아 굴 안에 족제비가 있는 것이 분명했지요.

농부는 괭이로 족제비굴을 파기 시작했습니다.

농부가 한겨울인데도 땀을 뚝뚝 떨어뜨리며 굴을 파헤치고 있을 때 굴 안에서 뭔가 큼직한 놈이 화살처럼 빠르게 빠져 나왔습니다. 그런데 그건 족제비가 아니라 수달이었어요. 수달이 너무나 갑자기 빠져 나오는 바람에 그놈을 잡지 못한 농부는 수달을 놓칠 세라 얼른 뒤쫓아갔습니다.

수달이란 놈은 뛰고 뛰다가 마을 부근까지 도망가기에 이르렀습니다. 이때 공교롭게도 부잣집 개가 마을 주변을 어슬렁거리고 다니다가 쫓겨오는 수달을 보자 제꺽 물고 제집으로 달아났습니다.

농부는 부잣집까지 쫓아가서 수달은 자기가 쫓던 것이니 돌려달라고 했어요. 그러자 욕심 많은 그 집 주인인 부자는 펄쩍 뛰면서 자기 집 개가 잡은 건데 왜 내놓으라고 하느냐며 호통을 쳤습니다.

아무리 전후사정을 다 이야기해도 들어주지 않자, 농부는 하는 수 없이 고을 사또에게 이 일을 고했습니다.

사또는 양쪽 말을 다 듣고 나서 이렇게 판결했습니다.

"듣거라. 농부가 굴을 파고 수달을 쫓아왔으니 농부는 그 수달

을 가질 권한이 있다. 또한 부잣집 개가 그 수달을 잡았으니 그 개를 기르는 부자에게도 권한이 있느니라. 그런즉 수달을 팔아서 그 돈을 절반씩 나누어 가지도록 해라!"

사또가 판결을 내리자 농부는 물론 부자도 판결에 불만이 생겼습니다.

두 사람이 사또의 판결에 수긍하지 않자 사또는 크게 노하며 불호령을 내렸습니다.

"당장 물러가라!"

이때 사람들 속에 끼어 사또의 판결을 듣고 있던 나이 어린 꼬마가 입을 삐죽거리면서 큰 소리로 말했습니다.

"그런 엉터리 같은 판결이 어디 있어요?"

그러자 사또는 붉으락푸르락하면서 꼬마를 당장 잡아들이라고 명령했습니다.

꼬마가 사또 앞에 붙들려 오자 사또는 이렇게 야단을 쳤습니다.

"네 이놈! 조그마한 놈이 뭘 안다고 관가의 판결을 비웃는 거냐? 그래, 네놈이 판결하면 어떻게 할 테냐?"

"저를 사또가 앉아 계신 당상에 오르게 하면 판결을 내리지요."

약이 오른 사또는 꼬마를 당상에 앉혀 놓고 서서 판결하라고 명령했지요. 꼬마는 얼굴빛 하나 변하지 않고 다시 판결했습니다.

"들거라! 수달을 쫓던 자는 사람이고, 수달을 잡은 것은 개이니라. 사람의 욕심은 껍데기인 수달의 가죽에

있고 개의 욕심은 수달의 고기에 있으니 껍데기는 벗겨서 농부에게 주고, 고기는 개에게 주도록 해라. 이렇게 하면 농부도 개도 다 자기 요구를 만족할 것인즉 다른 말이 없을 것이다!"

꼬마의 판결에 사람들은 한결같이 박수를 보냈습니다.

"과연 지당한 판결이오!"

"값진 수달의 가죽은 농부에게 주고, 먹지도 못할 고기는 부자에게 안겨 주게!"

이렇게 되니 농부는 기뻐하고 부자는 울상이 되었지요. 사또는 할말이 없게 되어 꼬마의 판결대로 하라고 명령하는 수밖에 없었답니다.

- 사또는 왜 판결을 그렇게 내렸을까요?
- 동네 사람들은 왜 꼬마의 판결에 박수를 보냈을까요?
- 사또와 꼬마에게 각각 어울리는 별명을 붙여 보세요. 그리고 그 이유를 말해 보세요.

충족이유율이란 무엇일까

꼬마는 비록 나이가 어렸지만 아주 똑똑하지요?

꼬마가 판결을 내리자 사또는 왜 아무 소리도 못 하였을까요? 그것은 꼬마의 판결에 충족할 만한 이유가 있었기 때문입니다.

다시 말하면 꼬마의 판결에 맞서 대응할 만한 이유가 하나도 없었으니까요.

그러면 충족이유율이란 무엇일까요?

충족이유율이란 논증 과정에 있어서 그 판단이 참이라고 확정되려면 충족한 이유가 있어야 한다는 사유 법칙입니다.

좀 더 알기 쉽게 말하면, 내린 그 판단이 옳은 것으로 되려면 이유가 충분해야 한다는 것입니다.

예를 들면 다음과 같습니다.

진원이가 선생님에게 이렇게 고자질을 했습니다.

"선생님, 제 연필 두 개가 없어졌는데 도현이가 가져간 게 분명해요."

이 말을 들은 선생님이 진원이에게 물었습니다.

"무슨 이유로 도현이가 훔쳤다고 하는 거니?"

그러자 진원이는 이렇게 대답했습니다.

"연필을 훔치지 않았다면 도현이가 왜 아까부터 제 눈치만 슬금슬금 살피겠어요?"

어때요?

진원이의 이 판단은 옳은 것일까요?

그렇지요. 진원이의 이 판단은 꼭 옳다고 말할 수는 없는 것입니다. 왜냐 하면 진원이의 이 판단에는 충족한 이유가 없기 때문이지요.

재미있는 우화를 하나 들어 볼까요?

사자 왕은 곰과 원숭이와 토끼를 시종으로 거느리고 있었습니다.

그런데 함께 여러 날을 지내다 보니 곰은 미련하기 짝이 없고, 원숭이는 너무 교활하고, 토끼는 눈치만 살살 보면서 일하기를 싫어했습니다.

그래서 사자 왕은 트집을 만들어 그들을 몽땅 잡아먹어야겠다고 생각했습니다.

사자 왕은 시종을 불러다 놓고 말했습니다.

"오늘 내가 너희들의 마음이 변치 않았는가 시험해 보겠으니 내 물음에 솔직하게 대답하여라!"

그러고는 먼저 곰 앞에 다가가 입을 크게 벌리고 물었습니다.

"내 입에서 무슨 냄새가 나느냐?"

그러자 곰은 얼굴을 찡그리며 이렇게 말했습니다.

"예, 대왕님, 비린내가 어찌나 고약한지 맡기조차 어렵나이다."

그러자 사자 왕은 기다렸다는 듯이 소리쳤습니다.

"예끼, 이 미련한 놈아! 왕의 체면에 먹칠을 했으니 죽어 마땅하다."

사자 왕은 그 자리에서 곰을 잡아눕혔지요.

이번에는 입을 쫘악 벌리고 원숭이에게 물었습니다.

"원숭이 네가 맡아 봐라, 무슨 냄새가 나는가를!"

그러자 원숭이는 빙긋이 웃으면서 이렇게 말했습니다.

"예, 대왕님, 냄새가 정말 향기롭나이다. 향수인들 어찌 이 냄새에 비길 수 있겠사옵니까?"

"예끼, 이 교활한 놈! 왕을 속이려 드니 네놈도 죽어 마땅하다!"

사자 왕은 원숭이도 잡아먹었습니다.

나중에 사자 왕은 토끼한테 물었습니다.

"토끼, 자네가 맡아 보게. 무슨 냄새가 나는가를!"

그러자 토끼는 머리를 조아리며 기어들어가는 목소리로 말했습니다.

"대왕님, 정말 죄송합니다. 소인은 요새 감기에 걸려 냄새를 전혀 맡을 수 없습니다. 며칠 후 병이 좀 낫거든 다시 와서 시험을 치르겠습니다."

"뭐라고?"

사자 왕은 하는 수 없이 토끼의 요구를 받아들였습니다.

밖으로 뛰어나온 토끼는 그 길로 깊은 산속을 향해 줄행랑을 쳤습니다.

이 우화에서 곰과 원숭이를 잡아먹은 사자 왕의 이유는 억지로 꾸며 낸 구실로써 충족이유율의 논리적 요구에 어긋나는 것이지요. 그런데 충족한 이유를 들이댄 토끼에게는 충족이유율을 위반할 수 없어서 놓아줄 수밖에 없었던 것입니다.

충족이유율에서 '충족(充足)'이란 글자 그대로 충분하게 차서 모자람이 없다는 뜻이지요. 다시 말해 이유가 충분해야 한다는 말입니다.

충족이유율은 다음과 같은 형식으로 표시합니다.

• A가 참인 이유는 B가 참이기 때문이다.

여기에서 'A'는 판단을 표시하며 'B'는 'A'의 참을 확정함에 있어서 충족한 이유를 표시합니다.

충족이유율에 어긋나는 논리적 오류에는 주로 다음과 같은 세 가지가 있습니다.

첫째, 근거가 참이 되지 못한 오류

근거(이유)로 되는 판단은 반드시 참이어야 합니다.

참이 되지 못한 판단이거나 아직 참으로 증명되지 않은 판단은 다른 판단의 근거로 삼을 수 없는 것입니다.

어떤 사람들은 가끔 이렇게 말합니다.

"아무리 노력해도 난 성공할 수 없어! 인간의 운명이란 타고나는 거니까!"

 여기에서 근거로 삼고 있는 판단은 '인간의 운명은 타고나는 것이다.'라는 것입니다. 그런데 이 판단은 참인 것이 아니라 틀린 것이지요. 그러므로 '나는 성공할 수 있다.'는 판단의 근거가 될 수 없습니다.

 둘째, 근거와 판단 사이에 필연적 연관이 없는 오류

 근거와 이끌어 내는 판단 사이에는 반드시 논리적인 연관이 있어야 합니다. 비록 근거가 참된 것이라 해도 그것이 도출되는 판단과 필연적 연관이 없으면 여전히 충족이유율에 어긋나지요.

 예를 들면, '오늘 저녁에 비가 온다. 왜냐 하면 어제 저녁에 비가 왔기 때문이다.'라는 판단은 충족이유율에 어긋나는 잘못된 판단입니다.

 '어제 저녁에 비가 왔다.'는 판단은 참된 것이지만 이것을 근거로 하여 '오늘 저녁에 비가 온다.'는 판단을 내릴 수는 없습니다. 어제 저녁에 비가 왔다고 해서 오늘 저녁에 꼭 비가 온다고 할 수는 없기 때문이지요.

셋째, 근거가 충분하지 못한 오류

근거가 참이고, 도출되는 판단과 어느 정도의 연관은 있지만 그것이 충족한 근거로 되지 않는다면 역시 충족이유율에 어긋납니다.

예를 들면 앞에서 든 '도현이가 연필을 훔쳤다.'는 진원이의 판단이 바로 그러하지요.

'도현이가 진원이의 눈치만 슬금슬금 살핀다.'는 이 근거는 참이고 또 '도현이가 연필을 훔쳤다.'는 판단과 일정한 연관이 있을 수도 있지요. 하지만 이 근거는 '도현이가 연필을 훔쳤다.'는 결론에 충분한 근거가 될 수 없습니다.

충족이유율은 사고할 때 반드시 충분한 근거를 가질 것을 요구합니다. 충분한 근거가 있어야만 정확한 판단을 내릴 수 있으며 정확한 판단을 이유로 삼아야만 정확하게 논증할 수 있습니다.

그러므로 충족이유율은 정확한 논증의 기초가 됩니다.

퇴근하고 돌아오신 아버지는 무슨 일로 그렇게 기분이 좋은지 싱글벙글 웃고 계셨습니다.

"아빠, 오늘 뭐 회사에서 좋은 일이라도 있으셨어요? 계속 싱글벙글 웃고 계시니 궁금하잖아요."

저녁 식사를 위해 온 가족이 모인 자리에서 준이는 아버지에게 여쭤 보았습니다.

"흐흐, 준이야. 오늘 이 아빠가 돈을 무려 10만 원이나 벌지 않았겠냐? 공돈을 벌었으니 기분이 좋을 수밖에."

준이는 궁금했어요. 그리고 기뻤지요. 아빠의 기분이 모처럼 좋으니, 잘하면 새로 나온 게임 시디를 사 달라고 조르면 사 주실지도 모르니까요.

"아빠, 어떻게 그 많은 돈을 벌었어요? 그것도 공짜로 말이에요."

팔팔 끓는 김치찌개를 식탁으로 옮기고 자리에 앉으신 엄마도 궁금한 얼굴로 쳐다보았습니다.

"그게 말이다. 아까 낮에 회사일 때문에 구청에 갔었거든. 그런데 오늘이 10일이라 아버지 차는 구청에 들어갈 수가 없다는 거야. 관공서는 차량 10부제를 아주 철저히 지키더라. 할 수 없이 주차할 곳을 찾기 위해 계속 가다 보니 구청에서 점점 멀어지는 거야. 그래서 다음 신호등에서 유턴을 했지. 거긴 유턴이 불가능한 곳이었는데 별 수 있냐? 다행히 경찰에게 걸리지 않았어. 만약 걸렸다면 중앙선 침범으로 벌금을 6만 원 내야 하는 건데 말야."

준이는 황당했습니다. 아버지가 돈을 벌었다는 이유가 정말 어이없는 것이었으니까요.

그런데 아버지는 자랑스럽게 계속 말을 이어갔습니다.

"그것뿐만이 아냐. 결국 구청 앞 대로에 불법 주차를 해 둔채 볼일을 봤거든. 잠깐 동안 버스 정류장 앞에 차를 대 놨는데, 얼마나 가슴이 조마조마하던지. 그래서 부랴부랴 일을 보고 내려왔더니 다행히 차는 견인되지 않았더란 말야. 물론 딱지도 안 붙어 있었지. 주차 위반 벌금이 4만 원이니까 전부 합쳐서 10만 원 번 셈이지. 하하하!"

그 순간 준이는 아버지가 너무 창피했습니다.

생각해보세요

- 아버지가 오늘 기분이 좋은 이유는 무엇 때문인가요?
- 아버지가 돈 벌었다고 하신 말씀의 내용은 무엇인가요? 돈을 벌었다고 생각하는데 납득할 만한 이유가 되는 사항인가요?
- 준이가 아버지를 창피하게 생각한 이유는 무엇인가요?

다음 이야기들을 읽고 제기한 물음에 대답하세요.
(논리의 기본 법칙을 공부한 지식으로 문제를 푼다는 점을 잊지 마세요.)

① 욕심 많고 인색하기로 소문난 한 구두쇠가 있었습니다. 누가 술 한 잔이라도 공짜로 주겠다면 십 리 길도 마다하지 않고 달려가고 잔칫집에 가기 위해서라면 며칠이라도 굶는 그런 사람이었지요.

이처럼 인색한 구두쇠네 이웃집에는 총명한 김 선달이 살고 있었습니다. 구두쇠가 아무리 꾀를 내고 간사한 수를 써도 총명한 김 선달 앞에서는 눈곱만큼의 이득도 보지 못했습니다. 그래서 구두쇠는 김 선달을 미워했지만 별 도리가 없었습니다.

그러던 어느 봄날이었습니다.

김 선달네 암탉이 병아리 한 배를 깠습니다. 털이 뽀얀 병아리들은 정말 귀여웠지요. 이걸 보고 구두쇠는 어떻게 하면 병아리를 빼앗을 수 있을까 궁리하게 되었습니다.

'옳지!'

구두쇠는 결국 한 가지 묘안을 생각해 냈습니다.

어느 날 아침, 구두쇠는 팔자걸음으로 거드름을 피우면서 김 선달네

마당으로 들어섰습니다.

"여보게, 난 오늘 우리 집 병아리를 가져가려고 왔네!"

'아닌 밤중에 홍두깨'라고 뜬금없는 구두쇠의 소리에 놀란 김 선달이 물었습니다.

"우리 집 병아리라니, 그게 무슨 소리요?"

그러자 구두쇠는 미리 생각해 두었던 이유를 댔습니다.

"자네도 한 번 생각해 보게. 수컷 없이 암컷이 어찌 새끼를 낳을 수 있겠나? 자네 집엔 수탉이 없는 게 사실이지 않나? 만약 우리 집 수탉이 없었더라면 자네 집 암탉이 어찌 병아리를 깔 수 있었겠나? 하니 그 병아리들은 다 내 것이란 말일세."

두 눈을 끔벅이며 한참 궁리하던 김 선달은 짐짓 머리를 끄덕이며 말했습니다.

"과연 옳은 말씀이십니다. 그렇다면 병아리들을 몽땅 가져가시지요."

구두쇠는 좋아라하고 병아리를 몽땅 집으로 가져갔습니다.

시간이 흘러 어느덧 가을이 되었습니다.

구두쇠네 집 어미소가 송아지 한 마리를 낳았습니다. 다리가 늘씬하고 귀가 쫑긋 솟은 게 아주 귀여웠지요.

며칠 후 김 선달은 고삐를 감아쥐고 구두쇠네 집 외양간에 들어가 송

아지 목에 고삐를 매어 끌어내 왔습니다. 그리고 큰 소리로 구두쇠에게 말했습니다.

"여보시오, 우리 집 송아지를 끌어갑니다."

허둥지둥 달려나온 구두쇠는 김 선달에게 삿대질을 하며 마구 욕설을 퍼부었습니다.

"이 양심없는 놈아, 시퍼런 대낮에 왜 남의 송아지를 훔쳐가는 거냐?"

그러자 김 선달은 태연하게 말했습니다.

"아니, 훔쳐가다니요? 봄에 당신은 수컷이 없으면 암컷이 새끼를 낳을 수 없다고 분명히 말하지 않았소? 당신네 집에 황소가 없다는 건 누구나 다 아는 사실이지요. 그러니 우리 집 황소가 없었다면 이 집 어미소가 어떻게 송아지를 낳을 수 있었겠습니까? 그래서 저는 우리 집 송아지를 찾아가는 거요."

말을 마친 김 선달은 송아지 엉덩이를 철썩 때리며 자기 집으로 끌고 갔습니다.

이 광경을 멍하니 바라보던 구두쇠는 그만 입이 굳어지고 말았습니다.

이 이야기에서 욕심 많은 구두쇠는 어째서 아무 말도 못 하고 송아지를 그냥 주어야만 했을까요?

❷ 주인이 한밤중에 사랑채에 나가 머슴들에게 호통을 쳤습니다.

"날이 밝았는데 어서들 일어나 일하러 나가거라!"

그런데 머슴들이 일어나는 소리가 들리지 않았어요. 그래서 주인은 으름장을 놓았습니다.

"지금 당장 일어나 밭으로 나가지 않으면 품삯은 한 푼도 받지 못할 테니 그런 줄 알아라!"

그러자 사랑채 안에서 머슴 하나가 대답했습니다.

"저 주인 어른, 옷에 이를 잡은 다음 즉시 밭으로 나가겠습니다."

"이를 잡다니, 날이 밝지 않았는데 이가 어떻게 보인단 말이냐?"

이 말에 머슴이 되받았습니다.

"허면 날이 아직 밝지 않았는데 어떻게 일하러 나간단 말입니까?"

주인은 꿀먹은 벙어리처럼 입만 우물거리다가 안방으로 들어갔습니다.

이 이야기에서 주인은 어째서 꿀먹은 벙어리처럼 아무 말도 하지 못했을까요?

❸ 루쉰은 '축복'이란 글에서 그 당시 원칙 없이 갈팡질팡 변덕부리는 일부 지식인들을 풍자했습니다. 다음 이야기를 읽어 보세요.

나는 그 여자가 돈을 구걸하려는 줄로 알고 걸음을 멈추었다.

"돌아오셨어요?"

그 여자는 이렇게 물었다.

"예."

"마침 잘됐네요. 당신은 글도 읽을 줄 알고 도시에도 나가 계셨으니 아는 게 많을 테지요. 하나 여쭈어 보겠습니다."

그 여자의 초점 없던 두 눈이 갑자기 빛났다.

생각지도 못 했던 여자의 물음에 나는 멋쩍어하며 서 있었다.

"저어……."

그 여자는 두어 걸음 다가서며 큰 비밀이라도 말하려는 듯이 목소리를 낮추며 심각하게 물었다.

"사람이 죽은 뒤에 영혼이 있나요, 없나요?"

나는 몸이 오싹해졌다. 그 여자가 나를 뚫어지게 바라보았다. 나는 콧잔등이 가시에 찔린 듯했다.

이 고장 사람들은 모두 귀신이 있다고 믿고 있는데 저 여자만은 지금 의혹을 품고 있지 않는가. 아니, 의혹을 품고 있다기보다 영혼이 있기를 바라든가, 그렇지 않으면 영혼이 없기를 바라는 게 아닐까? 인생의 마지막 길에서 허덕이는 사람에게 괴로움을 더해 줄 이유가 무엇이냐. 저 여자를 위해서는 차라리 영혼이 있다고 하는 것이 좋을 듯했다.

"내 생각으로는 있을 것 같습니다."

나는 어물어물 대답하였다.

"그럼 지옥도 있단 말인가요?"

"아, 지옥 말입니까?"

깜짝 놀란 나는 어물쩍 넘기는 수밖에 없었다.

"지옥 말입니까? 이치로 보아선 있어야 하지요. 그러나 꼭 그렇지도 않겠지요."

"그럼, 내가 죽은 다음 먼저 죽은 식구들을 만날 수 있을까요?"

"식구들을 만날 수 있느냐고요? 그건 글쎄요……."

이때 나는 내가 세상에 둘도 없는 바보라는 사실을 깨달았다.

이 이야기에서 '나'라는 사람의 대답은 논리의 기본 법칙 중 어느 법칙을 위반했을까요?

④ 해철이 아버지와 어머니는 집에서 서로 다투게 되었습니다.

어머니가 아버지에게 말했습니다.

"해철이가 시험에 떨어진 건 다 당신 탓이에요. 사업에만 정신을 팔고 도통 아들한테는 전혀 관심이 없으니 낙제할 수밖에 없지요."

그러자 아버지는 이렇게 대꾸했습니다.

"천만에, 해철이가 시험에 떨어진 건 내 탓이 아니라 다 선생 탓이오! 선생이 잘 가르쳤다면 저 애가 낙제할 리가 있겠소?"

아버지와 어머니는 이렇게 자기 주장이 옳다고 하면서 저녁 내내 말다툼을 하였습니다.

이 이야기에서 아버지와 어머니의 말씀 중 어느 것이 옳은 주장일까요?

① 구두쇠는 '수컷이 없으면 암컷이 새끼를 낳을 수 없다.'고 하였는데 이 판단은 앞에서나 뒤에서나 반드시 동일성을 유지해야 합니다. 그러므로 구두쇠는 김 선달이 송아지를 끌고 가는 것을 보면서 동일률을 어길 수 없어 아무 말도 못 했습니다.

② 주인은 먼저 '날이 밝았다.'는 판단을 내리고 다음에는 또 '날이 밝지 않았다.'는 판단을 내렸습니다. 이것은 대상에 대하여 같은 시간에 서로 모순되는 두 판단을 내려서는 안 된다는 모순율에 어긋나는 잘못된 판단입니다.

③ '나'라는 사람은 바로 배중률을 어겼습니다. '나'라는 사람은 그 여자가 '지옥이 있는가?'하고 물어 보자 '있기도 하고 없기도 하다.'고 대답하였으며 '식구들을 만날 수 있는가?'하고 묻자 '그건, 글쎄요……'하고 명확한 대답을 하지 않고 두루뭉실하게 얼버무렸습니다. 이것은 서로 모순되는 두 판단 가운데 오직 하나만이 옳고 다른 하나는 틀리며, 결코 제3의 판단이 있을 수 없다는 배중률의 원칙에 어긋나는 것입니다.

④ 해철이 아버지와 어머니의 주장은 다 틀렸습니다. 이 논쟁에서 어머니의 이유나 아버지의 이유는 다 충분하지 못합니다. 그러므로 두 사람 모두 다 충족이유율에 어긋나지요. 해철이의 성적이 좋아지려면 선생님의 가르침, 부모의 지도 등의 조건도 있어야 하겠지만 더욱 중요한 것은 해철이 본인의 실력과 노력입니다. 그런데 해철이의 아버지와 어머니는 이걸 모르고 아버지 탓이라거나 선생님 탓이라고만 하였는데 이건 모두 충분한 이유가 되지 않습니다.

논증과 논박

올바른 사고 형식과 논리의 기본 법칙들을 파악하는 건

진리를 탐구하기 위해서지요.

다시 말해 옳은 관점을 논증하고 그릇된 관점을

논박하기 위한 것입니다.

그럼 논증과 논박이란 무엇일까요?

그때는 저 개가 없었소!

달은 이미 지고 난 다음이야

천당에는 왜 못 가게 된단 말이냐?

죽은 사람이 과연 살아날 수 있는가

선인지 악인지 들을수록 헷갈려

계집 때문에 신세를 망쳤어

그건 또 무슨 엉뚱한 소리예요?

아주 정확한 대답이오, 합격!

송아지를 말의 새끼라고 우기는 사또

이건 내가 자네에게 주는 사랑의 매야

수말이 낳은 망아지를 얻어오게

머리에 부스럼이 나서 깎았을 뿐인데

그때는 저 개가 없었소!

한 마을에 욕심쟁이가 살았습니다. 그는 먼 친척이 큰 벼슬을 하고 있다는 핑계로 남을 속이는 일을 밥 먹듯 했지요. 어떻게 하면 남의 돈을 한 푼이라도 더 긁어 낼까 자나깨나 못된 궁리만 했습니다.

그러던 어느 날, 그는 이 서방네 집에 콩이 두 섬 있다는 것을 알게 되었습니다.

"이 서방쯤이야……."

이렇게 생각한 그는 아침 일찍 이 서방을 찾아갔습니다.

"이 서방 있나? 자네 집에 콩이 있다지?"

"식량으로 먹고 있는 것이 얼마간 있습죠. 그런데 왜 그러십니까?"

이 서방은 사실대로 말했습니다.

"다행이네. 내가 급히 쓸 일이 생겨 그러네. 모레쯤 꼭 돌려 줄 테니 그걸 나에게 꿔 주게."

남의 딱한 사정을 보고선 참지 못하는 착한 이 서방은 께름칙했지만 두 섬 되는 콩을 몽땅 퍼 주면서 말했습니다.

"하도 급하다 하니 사흘 식량도 남기지 않고 다 드립니다. 모레는 꼭 가져와야 합니다."

"암, 여부가 있나. 내 언제 약속을 어긴 적이 있던가? 염려 말게!"

그런데 욕심쟁이는 사흘이 지나고 닷새가 되어도 콩을 되돌려 줄 생각을 하지 않았습니다.

또 닷새가 지나갔습니다. 하지만 욕심쟁이한테서는 아무런 소식도 없었어요.

당장 끼니를 때울 수 없게 된 이 서방은 할 수 없이 욕심쟁이를 찾아갔습니다.

"어르신, 계십니까? 먹을 게 떨어져 할 수 없이 찾아왔네유. 지난번에

꿔 간 콩을 돌려 주셔야겠구먼유."

"허, 이 사람, 그게 무슨 소리인가? 내가 언제 자네 콩을 꿔 왔나? 이 사람이 정신 나갔나?"

이 서방은 그만 가슴이 철렁 내려앉았습니다.

이 서방은 한동안 멍하니 서 있다가 정신을 가다듬고 따졌습니다.

"아니, 어르신이 열흘 전에 우리 집에 와서 급히 쓸 일이 있다며 콩 두 섬을 꿔 가지 않았단 말인가유? 억지를 써도 분수가 있지."

"아니, 억지는 누가 써? 그래, 우리 집에 쌀이 없나 콩이 없나, 집에 있는 콩만 해도 삼 년을 먹고도 남네. 식량이 떨어졌으면 사실대로 말하고 꿔 갈 것이지, 그렇게 남의 것을 공짜로 가지려고 거짓말을 하면 안 되지. 고약한 놈 같으니."

"아니, 이런 법이 어디 있대유?"

이 서방은 말문이 막혔습니다.

욕심쟁이는 도리어 제 쪽에서 성을 내며 따지고 들었습니다.

"그래, 내가 당신 집에 가서 콩을 꿔 왔다는 증거가 있거든 내놓으란 말이야. 그럼 본 사람이라도 있나? 증거도 없고 본 사람도 없으니 도대체 어떻게 당신 말을 믿어. 허튼 수작 말고 조용히 돌아가는 게 좋을걸!"

이 서방은 분하고 억울하기 짝이 없었으나 그렇다고 욕심쟁이와 맞설 힘도 없었습니다.

집으로 돌아온 이 서방은 맥이 풀려 자리에 눕고 말았습니다.

이 사실을 알게 된 동네 사람들은 화를 참을 수 없었습니다. 가난한 사람들을 얕보고 남의 등을 쳐먹는 욕심쟁이를 더 이상 봐 줄 수 없다고 생각했지요.

그리하여 이 서방네 집에 모인 동네 사람들은 욕심쟁이를 혼내 줄 방도를 함께 찾았습니다. 그리고 한 가지 좋은 방법을 찾아 냈습니다.

이튿날 아침, 이 서방은 동네 사람들과 함께 집에서 기르던 강아지 한 마리를 데리고 욕심쟁이네 집에 찾아갔습니다.

"영감, 계시우?"

"누가 왔나?"

욕심쟁이는 문을 빠끔히 열고 내다보다가 많은 사람이 몰려온 것을 보자 깜짝 놀라 물었습니다.

"아니, 모두 어쩐 일이오?"

"여보시오 영감, 세상에 이런 법이 어디 있수? 이 서방네 콩을 그렇게 공짜로 빼앗고도 무사할 것 같았소? 길게 말할 것 없이 당장 돌려주는 것이 좋을 거유!"

동네 사람들 속에 끼어 있던 최 서방이 불쑥 나서며 협박하는 투로 말했습니다. 하지만 낯짝이 두꺼운 욕심쟁이는 도리어 억울한 듯한 표정을 지으며 능청스럽게 말했습니다.

"이거 참, 딱한 일이구먼. 내 집 콩을 이 서방에게 공짜로 줄 이유가 없지 않소? 어디 내가 꿔 왔다는 증거라도 있으면 내놓아 보시오."

그러자 미리 약속한 대로 이 서방이 강아지를 끌고 나서며 말했지요.

"영감, 이 개가 그때 당신이 콩을 꿔 가는 걸 보았단 말이유."

욕심쟁이는 당황한 표정으로 강아지를 흘깃 쳐다보며 대답했습니다.

"아니 이 사람, 정신이 있나 없나? 그때는 저 개가 없었잖소?"

그러자 최 서방은 욕심쟁이를 쏘아보며 말했지요.

"그러니 영감이 이 서방네 콩을 꿔 간 것이 틀림없단 말이오. '그때'라는 말이 바로 영감이 콩을 빼앗아 갔다는 증거란 말이오. 그래, 또 다른 증거를 내놓아야 되겠소?"

욕심쟁이는 말문이 막혀 꺽꺽거렸습니다. 동네 사람들은 이 기회를 놓치지 않고 욕심쟁이에게 빼앗아 간 콩을 그동안의 이자까지 계산해 당장 내놓으라고 했습니다.

겁에 질린 욕심쟁이는 동네 사람들의 요구대로 꿔 간 콩을 이자까지 계산하여 고스란히 도로 내놓았지요. 이 일로 인해 혼이 난 욕심쟁이는 한밤중에 슬그머니 이사가고 말았답니다.

생각해 보세요

- 이 서방과 동네 사람들이 제시한 반대 논리는 무엇인가요?
- 이런 경우에 적당한 속담은 무엇이 있는지 찾아보세요.

논증이란 무엇일까

우리는 앞에서 여러 가지 올바른 사고 형식들과 논리의 기본 법칙들을 살펴보았습니다.

우리가 이런 형식과 법칙들을 파악하는 건 무엇을 위해서일까요?

한 마디로 말하면 그건 진리를 탐구하기 위해서이지요.

좀 더 구체적으로 말하면 옳은 관점을 논증하고 그릇된 관점을 논박하기 위한 것입니다. 그러므로 우리는 일상 생활에서나 과학 연구에서 언제나 많은 논증을 하게 되지요.

물론 유그리트 기하학의 공리와 같은 과학 이론에서의 일부 원시적 명제라든가 '소는 뿔이 있다.', '두만강은 동쪽으로 흐른다.'와

같은 사실에 대해서는 논증할 필요가 없지요.

그러나 많은 명제와 사실들은 그 진리성이 논증되어야 사실로 받아들여지게 됩니다.

그럼 지금부터 논증에 대하여, 그리고 논증의 특수한 형식인 논박에 대하여 공부하기로 합시다.

먼저 논증이란 무엇인가를 살펴봅시다.

앞의 이야기를 다시 한 번 생각해 보세요.

만일 욕심쟁이 영감이 그때 콩을 꿔 간 일이 없었다면 "그때는 저 개가 없었소."라고 말할 수 있을까요? 그럴 수는 없는 일이지요.

욕심쟁이 영감이 콩을 꿔 간 '그때'를 알고 있으니 욕심쟁이 영감이 콩을 꿔 갔다는 건 사실로 인정한 셈이 됩니다.

이와 같이 최 서방은 욕심쟁이 영감이 이 서방네 콩을 꿔 갔다는 것을 충분한 근거로 논증했습니다.

그럼 논증이란 무엇일까요?

89

논증이란 참임이 이미 확정된 명제에 근거하여 어떤 명제가 참이라는 것을 증명하는 사고의 과정입니다.

명제란 논리적인 판단을 언어나 기호로 표현한 것을 말합니다. 판단과 같은 의미로 많이 쓰입니다.

논증이란 쉽게 말하면 주어진 판단이 참이라고 하는 것의 이유를 밝히는 것입니다.

예를 들면, '삼각형의 내각의 합은 180°이다.'라는 명제의 참임을 논증하기 위해 '평행선의 예각은 같다.' '평행선의 동위각은 같다.'와 같이 이미 참임이 확정된 명제를 바탕으로 결론이 참이라는 것을 증명하는 것이 바로 논증입니다.

우리는 논증할 때 언제나 '무엇을?', '무엇에 근거하여?', '어떻게 증명하는가?' 하는 식으로 하게 되지요.

그러므로 논증은 논제 '무엇을?', '논거(무엇에 근거하여?)', '논증 방식(어떻게 증명하는가?)' 등 세 개 부분으로 구성됩니다.

논제는 논증에 의하여 참임이 밝혀져야 할 명제를 말하고, 논거는 논제가 참임을 증명하기 위하여 쓰이는 명제를 말합니다. 그리고 논증 방식은 논거를 가지고 논제가 참임을 증명하는 과정과 방법을 말합니다.

그럼 앞의 이야기에서 나온 최 서방이 한 논증의 논제, 논거, 논증 방식을 제시해 봅시다.

- 논제 : 그때 콩을 꿔 갔다.
- 논거 : 그때 콩을 꿔 가지 않았다면 '그때'를 모를 것이다.
- 논증방식 : 귀유적 논증이다(논제와 대립 관계에 있는 판단이 거짓임을 확증함으로써 논제가 참임을 증명했다).

논증에는 여러 가지 유형이 있는데 논증의 추리 형식에 따라 귀납적 논증과 연역적 논증으로 나눌 수 있고 논증 방식에 따라 직접적 논증과 간접적 논증으로 나눌 수 있습니다.

그럼 이제부터 논증의 여러 가지 종류 가운데서 몇 가지만 살펴보기로 합시다.

달은 이미 지고 난 다음이야

링컨이 미국 대통령이 되기 전, 변호사로 일할 때의 일입니다. 한번은 친구의 아들인 암스트롱이 살인범으로 몰려 재판을 받게 되었습니다. 그가 억울한 누명을 쓰게 된 것은 폴슨이라는 사람이 암스트롱에게 억울한 증언을 했기 때문입니다. 결국 법원에서는 암스트롱이 남의 재물을 탐내 살인을 저질렀다고 판결하였습니다.

이 일을 알게 된 링컨은 사건을 기록한 서류들을 자세히 살펴보고 살인 현장을 둘

러본 다음 암스트롱은 범인이 아니라고 단정했습니다. 그래서 링컨은 법원에 재심을 요구하고 자신이 직접 암스트롱의 변호를 맡았습니다.

재판이 시작되고 증인이 불려 나왔습니다.

링컨은 변호사의 신분으로 증인에게 물었습니다.

링컨 : "증인은 10월 18일 밤 11시쯤에 암스트롱이 사람을 죽이는 광경을 보았다고 했지요?"

폴슨 : "그렇습니다."

링컨 : "증인은 어디서 그 광경을 보았습니까?"

폴슨 : "사건이 일어난 큰 소나무 곁에서 동쪽으로 30미터쯤 떨어진 풀숲에 숨어서 보았습니다."

링컨 : "깜깜한 밤에 그것도 30미터나 떨어진 곳에서 어떻게 그가 암스트롱인 줄 알았습니까?"

폴슨 : "내 눈으로 똑똑히 봤어요. 그날은 마침 달이 밝은 밤이었으니까요."

링컨 : "옷차림새만 보고 잘못 판단한 것이 아닐까요?"

폴슨 : "천만에요. 절대 그렇지 않아요. 난 그의 얼굴을 똑똑히 봤어요. 달빛이 그의 얼굴을 환히 비췄는데 내가 잘못 볼 리가 없지요."

링컨 : "그때가 틀림없는 11시라는 것을 당신은 맹세할 수 있습니까?"

폴슨 : "백 번이고 천 번이고 맹세합니다. 왜냐 하면 집에 돌아와 보니 11시 10분이었으니까요."

여기까지 묻고 난 링컨은 돌아서서 재판장에게 "이 증인은 사기꾼입니다."라고 말하며 변호를 계속했습니다.

"증인은 암스트롱의 얼굴을 똑똑히 보았다고 했는데 그날은 음력 8일이었습니다. 그날 밤 11시면 달이 이미 지고 난 다음이라 달빛으로 사람을 가려낼 수는 없습니다. 그럼에도 불구하고 달빛이 환히 비추어 피고의 얼굴을 똑똑히 보았다는 증언은 터무니없는 말이 되지요. 게다가 30미터나 떨어진 곳에서 똑똑히 봤다고 증인은 말했는데 그 말은 사실이 아닙니다. 폴슨의 이런 증언을 판결의 증거로 삼는다는 것은 우습고도 유감스러운 일입니다."

링컨의 변론은 많은 방청객의 갈채를 받았습니다. 우레와 같은 박수와 떠나갈 듯한 환호 속에서 폴슨은 기가 죽어 고개를 들지 못했지요.

결국 폴슨은 범인에게 매수되어 거짓 증언을 했다는 것을 실토하게 되었습니다. 그래서 암스트롱은 무죄로 판결되어 그 자리에서 석방되었습니다.

이로 인해 변호사 링컨의 이름은 전국적으로 유명해졌습니다.

직접논증과 간접논증

링컨은 정말 훌륭한 변호사였지요.

그는 자기의 변론에서 '폴슨은 거짓말을 했다.'라는 논제를 내놓고 이 논제를 논증하기 위해 '음력 8일이면 달이 지고 난 11시에는 달빛만으로 사람을 가려낼 수는 없다.'는 것을 논거로 삼아 '그날은 밝은 달밤이어서 피고의 얼굴을 똑똑히 보았다.'는 폴슨의 증언이 거짓말임을 직접 논증하였습니다.

링컨의 이런 논증 방식이 바로 직접논증입니다.

그럼 직접논증이란 무엇일까요?

직접논증이란 논거가 참이라는 것에 근거하여 직접 논제의 참임을 증명하는 결론을 이끌어 내는 논증을 말합니다.

　좀 더 쉽게 말하면 직접논증이란 논거의 진실성으로부터 직접 논제의 진실성을 논증하는 것입니다.

　'그날은 음력 8일이어서 밤 11시면 달이 진 후이므로 달빛이 피고의 얼굴을 비출 수 없다.'는 이 논거는 사리에 맞는 진실한 것이지요. 링컨은 바로 이 논거로써 '피고의 얼굴을 똑똑히 보았다.'는 폴슨의 거짓말을 직접 확증했지요. 그러니 '폴슨은 거짓말을 했다.'라는 논제가 직접논증된 것입니다.

　앞서 우리는 논증은 논증 방식에 따라 직접논증과 간접논증으로 나눌 수 있다고 하였지요.

　그럼 간접논증을 설명하기 위하여 한 가지 이야기를 들어 보기로 합시다.

　옛날에 한 젊은이가 머슴살이를 떠나면서 몇 해 동안 애써 모은 돈 백 냥을 마을의 한 노인에게 맡겼습니다. 그리

고 가을에 돌아올 때까지 보관해 달라고 부탁했습니다.

어느덧 가을이 되어 젊은이가 고향으로 돌아왔습니다. 그동안 맡겨 두었던 돈 백 냥을 돌려 달라고 했더니 탐욕스런 노인은 딱 잡아뗐습니다.

"내가 언제 자네 돈을 받은 일이 있는가?"

그래서 젊은이는 하는 수 없이 사또에게 이 일을 알렸습니다.

고을 사또는 두 사람을 불러 놓고 물었습니다.

"영감, 당신은 이 젊은이의 돈을 받은 일이 있소?"

"아닙니다. 그런 일은 절대 없습죠."

노인이 손을 저으며 대답했습니다.

"젊은이, 자네는 이 영감에게 돈을 맡기는 걸 본 증인이 있는가?"

"없습니다."

젊은이는 머리를 가로저으며 맥없이 대답했습니다.

"자넨 돈을 어디에서 이 영감에게 맡겼는가?"

"동구 밖 큰 소나무 밑에서 맡겼습니다."

젊은이가 재빨리 대답했습니다.

"이건 정말 모함입니다. 저는 그 어디에서

도 저 사람의 돈을 받은 일이 없어요."

노인은 억울하다는 듯이 큰 소리로 말했습니다.

"증인도 없이 자네가 돈을 맡겼다는 걸 누가 증명한단 말이냐? 그런즉 그 소나무한테 가서 당장 증명서를 받아오너라!"

사또는 젊은이를 쏘아보며 엄명했습니다.

그 소나무가 어떻게 증명서를 쓸 수 있겠는가. 영감은 속에서 웃음이 터져나오는 걸 꾹 참으며 시치미를 떼고 있었습니다.

젊은이가 그 자리를 떠난 지 거의 반 시간이 지났습니다. 사또는 노인을 보고 상냥하게 웃으면서 물었습니다.

"이젠 소나무 있는 곳에 거의 도착했을까요?"

"무슨 말씀, 아직 멀었습니다."

노인이 대답했습니다.

거의 한 시간이 지난 후에 사또가 다시 물었습니다.

"한 시간이나 지났으니 소나무 있는 곳에 다 갔겠지요?"

그러자 노인은 이렇게 대답했습니다.

"에, 지금쯤 도착했을 겁니다."

거의 두 시간이나 지나서야 맥없이 돌아온 젊은이는 사또 앞에서 머리를 숙인 채 아무 말도 못 하고 있었습니다. '노인은 돈 백 냥을 땀 한 방울 흘리지 않고 벌었구나.' 하고 생각하니 마음이 흐뭇했습니다.

그런데 뜻밖에 사또가 벼락같이 호령을 하더니 이렇게 말했습니다.

"이런 사기꾼 같은 영감! 그 소나무 밑에서 돈을 받지 않았다면 어떻게 그 소나무가 어디에 있으며, 또 이곳에서 얼마나 먼 곳에

있는가를 알 수 있는가? 그런즉 영감은 젊은이의 돈을 떼어 먹자는 수작이 확연하다!"

이렇게 되니 탐욕스러운 노인은 현명한 사또 앞에서 꼼짝없이 자기의 죄를 인정하지 않을 수 없었답니다.

사또는 정말 현명했지요.

그는 영감이 그 소나무 밑에서 젊은이의 돈을 받았다는 것을 다음과 같이 논증하였습니다.

- **논제** : 그 소나무 밑에서 돈을 받았다.
- **논거** : 그 소나무 밑에서 돈을 받지 않았다면 소나무가 어디에 있으며 또 얼마나 먼 곳에 있는가를 모를 것이다. 그런데 이 노인은 그것을 알고 있다.

보다시피 사또는 '그 소나무 밑에서 돈을 받았다.'는 논제를 증명하기 위해 이 논제와 모순되는 판단이 거짓임을 확증하였는데 이런 논증 방식이 바로 간접논증입니다.

간접논증이란 논제가 참임을 직접 논거로부터 이끌어 내는 것이 아니라 논제와 모순되는 판단이 거짓임을 논증함으로써 논제가 참임을 확증하는 것입니다.

추리 소설 속의 주인공 명탐정 홈즈는 간접논증을 활용하여 사건을 추리하고 범인을 찾아 내기로 유명합니다. 그가 추리하는 과정을 한번 살펴볼까요?

"현장에서 발견한 발자국은 오른쪽이 항상 왼쪽 발자국보다 흐릿했어. 그걸 보면 범인이 오른쪽 발에 체중을 덜 실었다는 걸 알 수 있지. 왜 그랬겠나? 다리를 절기 때문이지. 범인은 절름발이야. 게다가 피해자가 공격당한 부분은 머리의 왼쪽이지. 왼손잡이가 아니라면 그럴 수 없어. 그리고 담배도 피웠지. 나는 너도밤나무 뒤에서 담뱃재를 찾아 냈네. 담뱃재에 대한 전문 지식 덕분에 나는 그게 인도산 시거에서 나온 재라는 걸 알 수 있었지. 범인이 버린 담배

꽁초가 이끼 위에 떨어져 있었는데 인도산 시거가 맞았어. 그 담배 꽁초에는 입으로 문 자국이 없었으니 파이프로 담배를 피우는 사람이 범인이지."

 어때요. 대단한 추리죠? 추리 소설을 읽어 보면 이러한 논증의 과정을 훨씬 더 잘 이해할 수 있을 거예요.

 간접논증은 직접논증보다 더 복잡한 사유 과정을 거치게 됩니다. 간접논증은 직접논증처럼 직접 논제를 연구하는 데로부터 시작하는 것이 아니라 논제와 선언 관계에 있거나 논제와 대립 관계에 있는 명제(판단)를 연구하는 데서부터 시작하지요.
 간접논증에는 귀유논증과 선언논증 두 가지가 있습니다. 그럼 선언논증이란 무엇이고 귀유논증이란 무엇일까요?

천당에는 왜 못 가게 된단 말이냐?

옛날에 포악하기로 이름난 황제가 있었습니다.

그는 나이가 칠십 고개를 넘어 저승으로 갈 날이 멀지 않게 되었지요. 하지만 다만 몇 년이라도 더 살아보려고 몸에 좋다는 보약이란 보약은 모두 써 가면서 장수하기만 바랐습니다.

그런데 어느 날 갑자기 중병에 걸려 앓아눕더니 다시는 병석에서 일어나지 못했지요. 자기의 수명이 얼마 남지 않았다는 것을 짐작한 그는 죽은 다음에라도 천당에 가기를 바랐습니다.

그래서 황제는 용하다고 소문난 점쟁이를 불렀습니다.

"내가 죽은 다음 천당에 갈 것인지 아니면 지옥에 갈 것인지 점을 쳐 보아라!"

그러자 점쟁이는 서슴지 않고 대답했습니다.

"예, 황제 폐하! 저는 폐하를 위하여 이미 점을 쳐 보았습니다. 그런데 점괘에 나오기를 폐하께서는 승하하신 다음 지옥으로 가실 것 같습니다."

"뭐라고?"

황제는 뜻밖의 대답에 겁도 나고 화도 나서 눈알을 부릅뜨고 입술을 떨면서 소리쳤습니다.

잠시 후 황제는 마음을 진정시킨 다음 다시 물었습니다.

"그래, 천당에는 왜 못 가게 된단 말이냐?"

"황송한 말씀입니다만, 점괘에 의하면 폐하께서 천당에 갈 착한 사람들을 너무 많이 죽였기 때문에 천당이 꽉 차서 더 이상 받아들일 수 없답니다."

점쟁이의 말을 듣고 난 황제는 그만 그 자리에서 심장발작을 일으켜 숨을 거두고 말았답니다.

- 황제가 점쟁이에게 원한 점괘는 어떤 내용이었을까요?
- 점쟁이는 점괘를 통해 황제에게 어떤 뜻을 전달하려 했던 걸까요? 점괘 속에 숨은 뜻을 이야기하세요.
- 황제는 왜 갑자기 숨을 거두었을까요? 심장발작의 원인은 무엇이었을까요? 추리해 보세요.

선언논증과 귀유논증

황제는 점쟁이의 말을 듣고 왜 숨을 거두게 되었을까요?

그건 황제가 중병에 걸려 몸이 형편없이 쇠약해졌기 때문이겠지요. 하지만 점쟁이의 말이 떨어지자마자 심장발작을 일으켜 죽게 된 건 점쟁이의 논증이 논리에 딱 맞아떨어졌기 때문이지요.

점쟁이의 논증 과정을 살펴봅시다.

- 논제 : 황제는 지옥으로 간다.
- 논거 : 황제는 지옥으로 가거나 천당으로 간다. 황제는 천당으로 가지 못한다(왜냐 하면 천당이 다 찼기 때문이다).
- 그러므로 황제는 지옥으로 간다는 것은 참이다.

점쟁이의 이런 논증 방식이 바로 선언논증입니다.

선언논증이란 논제와 배제(정반대) 관계에 있는 판단들이 성립될 수 없다는 것을 증명함으로써 논제가 참임을 증명하는 것입니다.

'황제는 지옥으로 간다.'와 배제 관계에 있는 판단은 '황제는 천당으로 간다.'는 것이지요. 그런데 '황제는 천당으로 간다.'는 이 판단은 성립될 수 없습니다. 왜냐 하면 '천당이 이미 다 찼기 때문'이지요. 점쟁이는 이렇게 논제가 참임을 논증했습니다.

선언논증은 일상 생활에서나 과학 연구에서 흔히 쓰이는 논증 방식의 한 가지입니다.

예를 들어 하나의 삼각형에서 '두 각의 크기가 같으면 이 두 각을 포함한 두 변의 길이도 같다.'고 결론 내리는 것도 선언논증의 경우에 해당됩니다.

△ABC에서 만약 ∠C=∠B라면 AB=AC입니다.

그림처럼 △ABC에서의 두 변 AB와 AC의 관계에는 세 가지 경우 즉 AB>AC와 AB<AC거나 AB=AC일 경우가 있을 뿐입니다.

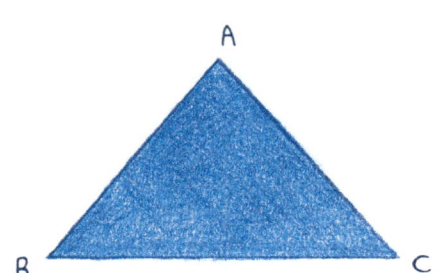

그러므로 AB>AC와 AB<AC가 성립될 수 없다는 것을 증명하기만 하면 AB=AC라는 것이 논증되지요.

그런데 이미 알고 있는 정리에 근거해 △ABC에서 만일 AB>AC이면 꼭 ∠C>∠B이고 만일 AB<AC이면 ∠C<∠B라는 것을 알 수 있습니다. 그런데 이런 것들은 모두 위에서 제기한 정리의 가설(∠C=∠B)과 서로 모순되는 것입니다.

그러므로 위에서 제기한 정리(논제)는 참이라는 것이 논증되지요.

선언논증 과정은 다음과 같이 표시합니다.

- 논제 : A
- A 혹은 B 혹은 C
- B가 아니다, C가 아니다.
- 그러므로 A는 참이다.

선언논증에서 주의해야 할 점은 모든 가능한 사실들을 빠짐없이 다 열거해야 한다는 점입니다. 그렇지 않고 가능한 사실의 일부만을 들어 그것이 성립될 수 없다는 것을 증명한다면 논제는 여전히 논증되지 않을 수 있습니다.

간접논증의 다른 한 가지는 귀유논증입니다.

귀유논증이란 논제와 대립 관계에 있는 판단이 거짓임을 증명함으로써 논제가 참임을 논증하는 것입니다.

예를 들어 볼까요.

'한 직선에 수직되는 두 직선은 서로 만나지(교차되지) 않는다.'라는 기하학의 정리는 바로 귀유논증의 방식으로 논증됩니다.

- 논제 : 한 직선에 수직되는 두 직선은 서로 만나지 않는다.
- 대립되는 논제 : 한 직선에 수직되는 두 직선은 서로 만난다.
- '한 직선에 수직되는 두 직선은 서로 만난다.'는 판단이 참이라면 '직선 밖의 한 점에서 그 직선에 수직되는 두 직선을 그을 수 있

다.' 그런데 이 판단은 틀린 것이다. 왜냐 하면 이 판단은 '직선 밖의 한 점에서 그 직선에 수직되는 직선은 그을 수 있으나 오직 하나만 그을 수 있다.'는 정리와 모순되기 때문이다.
- 그러므로 '한 직선에 수직되는 두 직선은 서로 만나지 않는다.'는 논제는 참이다.

귀유논증 과정은 다음과 같이 표시합니다.

- 논제 : A
- 대립되는 논제 : A가 아니다.
- A가 아니다가 거짓임을 증명
- 그러므로 A는 참이다.

귀유논증을 귀유법이라고도 합니다.
귀유법이란 이와 같이 논제와 대립되는 판단을 제시하고 이것이 오류로 돌아가게 하는 방법이라는 뜻이지요.

죽은 사람이 과연 살아날 수 있는가

쭈니와 쌩이는 과학 잡지에서 '죽은 사람을 살려 낸 의사'에 대한 기사를 읽고 논쟁을 벌였습니다.

호기심이 많아 어떤 일이든 '왜?', '어떻게?'라는 질문부터 하는 쌩이가 먼저 말했습니다.

"죽은 사람을 살렸다는 건 순 거짓말이야! 아무리 뛰어난 의사라도 그렇지 어떻게 죽은 사람을 다시 살아나게 한단 말이야?"

그러자 쭈니가 입을 삐죽거리며 반론을 제기했습니다.

"그건 네가 모르고 하는 소리야. 죽은 사람이 병원에 와서 다시 살아난 경우는 확실히 있어. 얼마 전에 물에 빠져 죽은 사람이 심폐소생술을 받고 다시 살아났다는 말을 너는 못 들었니?"

쌩이는 쭈니의 주장이 어처구니없다는 듯이 손을 내저으며 다시 말했습니다.

"너야말로 모르고 하는 소리야. 죽었으면 죽은 거지 어떻게 되살아날 수 있냐? 물에 빠진 그 사람의 심장이 아직 뛰고 있었으니 치료할 수 있었겠지. 그렇지 않고 정말 심장 박동이 정지되었다면 다시 살아날 수 있었겠냐?"

그러자 쭈니는 쌩이에게 질세라 목청을 돋우며 대꾸했습니다.

"호흡이 이미 정지되고 심장 박동도 정지된 사람이 되살아났다는 기사가 지난 달 신문에 실린 걸 직접 내 눈으로 봤어. 네 말이 맞다면 신문에 실린 내용이 거짓이란 말야?"

그 둘은 한참 동안 말싸움을 벌였으나 서로 자신의 의견만을 고집하는 바람에 누구도 상대방을 설득시키지 못하고 말았습니다.

논증의 규칙 ①

쌩이와 쭈니의 주장 가운데서 어떤 것이 옳은 것일까요?

그 두 사람은 각기 논제를 내놓고 논증했지만 아무도 상대방을 설득시키지 못했습니다.

그건 바로 그들이 벌인 논쟁의 논제 자체가 명확하지 못했기 때문입니다. 그러므로 그들에게 시비를 가려 주려면 무엇보다도 먼저 논제를 명확히 해야 합니다.

'죽었다는 것은 무엇을 말하는가?' 하는 이 논제부터 명확히 해야 하는 거지요.

사람들은 흔히 호흡 또는 심장 박동이 정지되면 죽었다고 하는데 이것은 과학적으로는 사실이 아닙니다.

　지금 의학에서 말하는 '임상 사망'은 호흡이 정지되고 심장 박동이 정지된 것을 가리킵니다. 임상 사망은 일반적으로는 되살아날 수 없지만 가끔 되살아나는 경우도 있습니다. 만일 의사가 임상 사망한 것을 구해 냈다면 '죽은 사람을 되살아나게 한 것'입니다.

　이런 의미에서 말하면 쭈니의 주장이 옳은 것으로 됩니다.

　그런데 사람이 죽는 데는 과정이 있지요. 호흡이 정지되고 심장 박동이 정지되었지만 사람의 모든 세포가 다 죽은 것은 아닙니다. 만일 인체의 모든 세포가 다 죽었다면 그것은 '임상 사망'이 아니라 '생리 사망'이지요. 생리 사망은 어떤 경우에도 되살아날 수 없습니다.

　이런 의미에서 말하면 쌩이의 주장이 옳은 것으로 됩니다.

　이처럼 쌩이는 '생리 사망'을 말하고 쭈니는 '임상 사망'을 말하다 보니 공통되는 명확한 논제가 없어 논쟁에서 아무런 결과도 보지 못하고 말았던 것입니다.

그들의 이런 논쟁은 바로 논증 규칙에서 논제의 첫째 규칙을 위반한 것입니다.

논제의 첫째 규칙은 논제가 반드시 정확하고 분명한 것이어야 한다는 것입니다.

토론하거나 변론할 때 흔히 어떤 문제를 논증하게 되는데 이럴 때마다 우리는 자기가 주장하려는 논제를 정확하고 분명하게 제시해야 하지요. 그렇지 않으면 듣는 사람은 물론 논증하는 사람 자신도 자기가 무엇을 논증하려는 것인지 모르고 혼란에 빠지게 되지요. 긴 시간 동안 여러 가지 사실과 예를 열거하면서 주장을 내세웠지만 설득은커녕 오히려 상대방을 어리둥절하게 만들 수 있으니까요.

토론하거나 변론할 때뿐만 아니라 다른 사람 앞에서 말할 때에도 논제가 명확해야 합니다.

예를 들어 볼까요.

대통령 후보자들의 텔레비전 후보 연설이 마련되었습니다. 그

중 한 후보자가 다음과 같은 연설을 했습니다.

친애하는 국민 여러분, 저는 대통령 후보자 아무개입니다.
이런 자리를 통해 여러분께 말을 많이 하는 것도 좋지요. 물론

말을 적게 하는 것도 좋지만 많이 하면 많이 하는 장점이 있으니까요. 그런데 제 이야기가 꼭 옳다고 할 수는 없지요. 다시 말하면 제 이야기 속에 옳지 못한 점이 있을 수 있다는 것입니다. 옳지 못한 점에 대해서는 여러분이 비판해 주시기를 바랍니다. 저는 여러분들의 비판을 겸허하게 받아들이겠습니다. 겸손하면 발전하고 교만하면 낙오되는 것입니다. 이런 예는 우리 주변에서 얼마든지 찾아볼 수 있지요.

그런데 낙오했다고 해도 그렇게 두려워할 건 없지요. 차차 따라잡으면 되는 법입니다. 서로 비기고, 배우고, 따라잡고 도와 주어야 하니까요. 도와 준다는 건 아주 중요합니다. 우리는 언제나 서로 도와 주어야 합니다. 나쁜 일은 좋은 일로 변할 수 있는 것입니다. 나쁜 일이 좋은 일로 변한 예도 얼마든지 들 수 있지요.

지금까지 우리나라에는 문제가 많았지만 요즘은 나아지지 않았습니까? 훨씬 살기 편하고 좋아졌지요.

그런데 이것도 한쪽으로만 생각해서는 안 됩니다. 이건 철학적 문제니까요.

우리는 철학을 배우지 않으면 안 됩니다. 철학이란 무엇인가요? 이건 여러분이 다 알고 계시리라 믿고 더 이상 말하지 않겠습니다.

나는 그래도 교육 문제에 많은 관심을 쏟고 있습니다. 이 문제에 대해서는 앞으로 다시 연구하려 합니다. 물론 주도면밀하게 연구해야 하지요.

이것으로 제 이야기는 간단히 끝내려고 합니다. 기호 0번 저 아무개를 찍어 주십시오. 여러분 감사합니다.

이 후보자는 도대체 무엇을 이야기하려고 한 걸까요?

그의 연설에서는 어떤 논제도 찾을 수 없습니다. 그야말로 횡설수설 그 자체입니다. 만약 이 연설이 정말 텔레비전으로 방송되었다면 시청자들은 어리둥절했을 거예요. 그리고 아무도 이 후보자를 대통령으로 지지하지는 않을 거고요.

논제의 첫째 규칙을 위반한 오류를 '논제 불명의 오류'라고 합니다.

선인지 악인지 들을수록 헷갈려

소크라테스는 고대 그리스의 관념론 철학자입니다.
소크라테스에게는 많은 제자가 있었습니다.
하루는 한 제자가 그에게 물었습니다.

제　　　자 : "스승님, 무엇이 선(善)이고, 무엇이 악(惡)입니까?"
소크라테스 : "도둑질하거나 남을 해치는 것은 악이니라."
제　　　자 : "그거야 물론 악이지요. 그런 걸 선이라고 하는 말
　　　　　　　은 지금까지 한 번도 들어본 적이 없으니까요."
소크라테스 : "들어본 적이 없다? 그럼 어디 대답해 봐라. 적의
　　　　　　　무기를 훔치거나 적을 해치는 것은 악인가?"

제   자 : "그건 악이라 할 순 없죠. 그런데 전 친구를 두고 말한 거지 적을 두고 말한 게 아닙니다."

소크라테스 : "친구를 두고 말한 거라고? 그렇다면 친구가 칼을 준비해 놓고 자살하려고 하는데 자네가 칼을 훔쳐 친구가 자살하지 못했다면 자네의 행위도 악이란 말인가?"

제   자 : "그거야……."

소크라테스 : "전쟁터에서 장군이 병사들의 사기를 돋우기 위해 지원병이 곧 온다고 거짓말을 해 병사들의 사기가 높아져 싸움에서 이겼다고 가정할 때 이런 거짓말도 악이란 말인가?"

제   자 : "그건……."

소크라테스 : "아기가 약을 먹지 않아 아버지가 사탕이라고 속여 약을 먹였다면, 이런 거짓말도 악이란 말인가?"

제   자 : "……."

소크라테스 : "그건 그건하고 얼빵한 소리만 하는 걸 보니 자넨 틀림없이 바보야."

제   자 : "아이고 선생님, 그만하십시오. 전 무엇이 선이고 무엇이 악인지 들을수록 더 헷갈립니다."

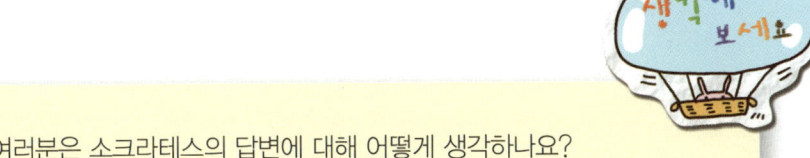

- 여러분은 소크라테스의 답변에 대해 어떻게 생각하나요?
- 소크라테스가 제자에게 알려주려 했던 깊은 뜻은 무엇이었을까요?

논증의 규칙 ②

무엇이 선이고 무엇이 악일까요?

이건 누구나 다 똑똑히 답변할 수 있는 문제이지요. 무엇이 좋은 일이고 무엇이 나쁜 일인가는 확실하게 구별되는 것이어서 누구나 가려 낼 수 있습니다.

그런데 왜 이 제자는 선과 악을 가려내지 못하고 도리어 더 헷갈린다고 말했을까요?

그것은 선생님이 원래의 논제를 슬그머니 다른 논제로 바꿔 놓았는데 제자는 그걸 알아차리지 못했기 때문이랍니다.

생각해 보세요. 선과 악의 기준은 조건(경우)에 따라 다르게 될 수 있어요.

'적의 무기를 훔친 것'은 우리 편에서 보면 좋은 일(선)일 것이고 적의 편에서 보면 나쁜 일(악)이 됩니다.

'거짓말을 하는 것'도 역시 마찬가지입니다. '거짓말을 한 것'이 좋은가 나쁜가 하는 것은 그때의 조건(경우)을 봐야 하는 것입니다.

그런데 제자의 물음은 특수한 경우의 선악 문제가 아니라 도덕적으로 말하는 선악에 관한 것입니다.

도덕적인 의미로 보면 '도둑질'과 '폭력(또는 살인)'은 분명히 '선'이라고 할 수 없습니다.

하지만 선생님은 일반적인 경우에서의 선악 문제를 특수한 경우의 선악 문제로 논제를 슬그머니 바꿔 놓고 거짓말, 폭력(또는 살인)도 악이 아니라고 대답했습니다. 논제를 이렇게 바꿔 놓으면 원래의 논제를 논증할 수 없게 됩니다.

선생님의 이런 수법은 논제의 둘째 규칙을 위반한 것입니다.

논제의 둘째 규칙은 논제가 반드시 논증의 전 과정에서 처음부터 마지막까지 동일한 것으로 유지되어야 한다는 것입니다.

논증 과정에서 자칫 원래의 논제와는 상관없이 흐르다 보면 원래의 논증(혹은 논의)의 결과에 이르지 못하게 될 수 있지요. 그러므로 한 논증 과정에서는 이미 설정된 논제가 이리저리 바뀌어져서는 안 됩니다.

그런데 우리는 일상 생활에서 원래 설정된 논제와는 관계 없는 다른 판단을 논증하고서도 원래 설정된 논제를 논증했다고 우기는 현상을 가끔 보게 되지요.

이러한 오류는 복잡한 사고 과정에서 저도 모르게 범하는 경우가 많습니다.

다음과 같은 예가 바로 그런 거지요.

대학 입학 시험을 준비하는 해철이가 대학생인 형에게 물었습니다.

"형, 시험을 잘 치르기 위해서 논리학을 따로 공부할 필요가 있어?"

그러자 형이 말했습니다.

"논리학은 따로 공부할 필요가 없어. 개념, 판단 그리고 추리와 논증에 관한 논리 지식은 다른 과목을 공부할 때 체계적으로 배우면 되는 거야. 그래야만 시간도 절약되고 결국 높은 점수를 따낼 수 있는 거야!"

이 예에서 형이 말하고자 했던 바는 '논리학을 공부할 필요가 없다.'는 것이었지요. 그런데 그는 말하는 도중에 '논리에 관한 지식은 다른 과목을 공부할 때 체계적으로 배우면 된다.'는 엉뚱한 주장으로 이야기를 바꾸었습니다.

그래서 대화의 논점인 '논리학을 공부할 필요가 있는가, 없는가?'에 대한 생각이 아니라 '논리학을 어떻게 배울 것인가?'에 대한 자신의 생각을 말했던 것입니다.

이와 같이 원래 이야기하려던 핵심 논제에서 벗어나 비슷한 다른 논제로 그것을 대체함으로써 마치 원래의 논점을 이어가고 있는 듯이 여기지요. 이런 현상은 논증에서 저지르기 쉬운 오류이므로 주의해야 합니다.

논제의 둘째 규칙을 위반하는 오류를 '논점 일탈의 오류'라고 합니다.

일상 생활에서 가장 많이 범하는 오류 중의 하나입니다. 대화의 주제와 전혀 어울리지 않게 엉뚱한 화제로 돌리거나 동문서답을 하는 경우가 이에 해당되지요.

재미있는 이야기 하나를 예로 들어 보겠습니다.

외과 의사가 수술을 끝내고 식당엘 들어갔습니다.
웨이터가 가져다준 메뉴판을 보고 주문을 하려던 의사는 웨이터가 엉덩이를 긁고 있는 걸 발견하고 이렇게 물었지요.
"혹시 치질 있습니까?"
그러자 웨이터가 대답했습니다.

"손님, 죄송합니다. 저희 식당은 메뉴에 적힌 것 외에는 주문이 안 됩니다."

진지한 대화나 논술, 시험에서 요구하는 물음에 이런 식의 '논점 일탈의 오

류'를 저지르지 않으려면 상대방 이야기의 초점과 질문의 의도를 명확히 알아 내는 일이 중요하겠죠?

1. 대포 두 방

2. 청문회

계집 때문에 신세를 망쳤어

루쉰의 소설 '아Q정전'에는 다음과 같은 이야기가 실려 있습니다.

아Q는 이렇게 단언했다.

"… 이 한 가지 사실만 보더라도 계집이란 얼마나 해로운 것인가 하는 것을 알 수 있다. 중국의 사나이들은 본래 거의 다 성현이 될 수 있었는데 유감스럽게도 모두 계집 때문에 신세를 망치고 말았다. 상나라는 달기(은나라 주왕의 아내) 때문에 망쳤고, 주나라는 포사(주나라 유왕의 아내)가 망쳤으며, 진나라는… 비록 역사에는 밝혀져 있지 않지만 역시 계집 때문에 망했다고 가정해도 별로 틀리지 않을 것이다. …

무릇 비구니(불교에 귀의한 여자중)들은 반드시 중과 간통하게 마련이며, 계집이 혼자서 나다니는 것은 필시 외간남자를 꾀려는 것이며, 계집과 사내가 한 자리에서 수군거리는 것은 필시 무슨 수작을 하기 위해서다."

논증의 규칙 ③

아Q는 '계집이란 아주 해로운 것이다.'라는 자기 주장을 논증하기 위해 몇 개의 논거들을 들었지요.

그런데 아Q의 이런 논거들은 모두 논증에서의 논거에 대한 첫째 규칙을 위반한 거짓 논거입니다.

논거의 첫째 규칙은 논거는 반드시 그 자체가 참이어야 한다는 것입니다.

논거는 논증의 근거이므로 그 근거가 믿을 수 없는 것이라면 그것으로 정확한 결론을 이끌어 낼 수 없지요. 그러므로 논거로 쓰이는 판단은 반드시 참이어야 합니다.

그런데 아Q가 든 논거들은 순전히 '거짓 논거'이거나 '날조된 논거'들입니다.

그럼 아Q의 논거들을 하나하나 따져 봅시다.

첫째, 아Q가 '계집이란 아주 해로운 것이다.'라는 자기의 논제를 논증하기 위하여 든 첫째 논거는 '중국의 사나이들은 다 성현이 될 수 있었는데 유감스럽게도 모두 계집 때문에 신세를 망치고 말았다.'는 것입니다.

그런데 이 논거는 순전히 거짓이지요.

우선, '중국의 사나이들은 다 성현이 될 수 있었다.'는 판단 자체가 거짓입니다. 중국의 사나이들이 어떻게 모두 성현(聖賢-지혜와 덕이 뛰어나게 높은 거룩한 사람)이 될 수 있었겠습니까? 그리고 '중국의 사나이들은 모두 계집 때문에 신세를 망쳤다.'는 이 논거도 사실과 전혀 맞지 않는 거짓말입니다.

둘째, '무릇 비구니들은 반드시 중과 간통하게 마련이며 계집이 혼자서 나다니는 것은 필시 외간남자를 꾀려는 것이며 계집과 사내가 한 자리에서 수군거리는 것은 필시 무슨 수작을 하기 위해서다.'라는 이 논거도 역시 완전히 날조된 것입니다.

비구니가 어째서 중들과 간통하게 마련이겠어요? 여자가 나다니는 것이 어째서 남자를 꼬이기 위해서란 말입니까? 또 여자와 남자가 한 자리에서 이야기하는 것이 꼭 무슨 수작을 하기 위해서란 말입니까? 정말 날조라도 한심한 날조지요.

바로 이와 같은 거짓 논거, 날조된 논거로 '계집은 아주 해로운 것이다.'라는 논제를 논증하였으니 그것이 황당한 것으로 될 수밖에 없지요.

고대 그리스의 유명한 철학자 아리스토텔레스는 다음과 같은 소문난 궤변을 내놓았습니다.

크기가 다른 두 개의 원이 있는데 큰 원의 반지름이 R이고 작은 원의 반지름은 r이다.

큰 원이 직선을 따라 한바퀴 구르면 그 직선의 길이가 바로 원주의 길이, 즉 $AA' = 2\pi R$이 된다.

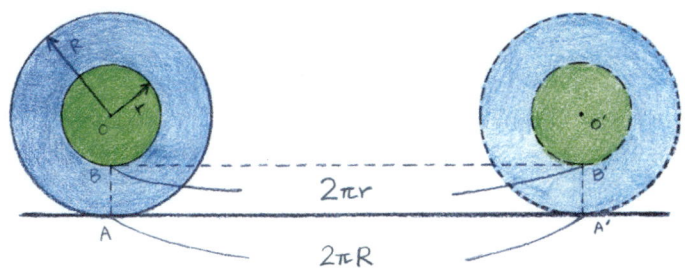

　큰 원과 작은 원은 한 곳에 고정되어 있으므로 큰 원이 한 바퀴 구르면 작은 원도 한 바퀴 구르게 된다.

　따라서 BB′= 2πr이 된다.

　그런데 AA′= BB′이므로 2πR=2πr이다.

　여기에서 양변을 2π로 나누면 R=r이 된다.

　이런 식으로 아리스토텔레스는 '큰 원의 반경과 작은 원의 반경이 같다.'는 논제를 논증했습니다.

　여기에서 아리스토텔레스의 오류는 바로 그가 든 논거인 BB′= 2πr이 참이 아니라 거짓이라는 데 있습니다. 겉으로 보기에는 큰 원이 한 바퀴 구를 때 작은 원도 함께 구르는데 사실 작은 원은 큰 원과 함께 그 속에서 내전했을 뿐이지요.

그러므로 BB′는 작은 원의 원주의 길이라고 할 수 없는 것입니다(BB′ = 2πr이 아니라 BB′ > 2πr이지요).

그러므로 BB′ = 2πr을 논거로 삼아 R=r이라는 논제를 논증한 것은 논거의 첫째 규칙을 위반한 것입니다.

논거의 첫째 규칙을 위반하는 오류를 '거짓 논거의 오류'라고 합니다.

잘 아는 이솝 우화의 예를 하나 들어 보겠습니다.

어느 화창한 날, 길을 걷던 배고픈 여우는 마침 울타리 안에 탐스럽게 열려 있는 포도를 보게 되었습니다. 그런데 참 얄궂게도 그 포도송이들은 적당히 높은 곳에 열려 있어 여우가 아무리 팔짝팔짝 뛰어도 손에 닿지 않았어요. 닿을 듯 닿을 듯했지만 결국 포도를 잡을 수는 없어 여우는 결국 허탕만 친 셈이 되었습니다.

여우는 맥빠지는 발걸음을 돌리며 이렇게 한 마디 내뱉었습니다.

"쳇! 저 포도는 시기만 하고 맛은 없다고."

여우의 논리를 따져 보면 다음과 같습니다.

- 그 포도는 시다.
- 신 포도는 맛이 없다.
- 그래서 여우는 포도를 따 먹지 못했다.

하지만 결론의 첫 번째 논거가 되는 '그 포도는 시다.'는 거짓입니다. 여우는 포도가 시다는 이유 때문에 먹지 않은 것이 아니라 손이 닿지 않아 먹을 수 없었던 거지요.

사람들은 흔히 어떤 일의 결과가 좋지 않을 때 여우처럼 변명을 늘어놓거나 합리화를 하는 경우가 있습니다. 그러나 실패의 원인을 정확하게 찾아 다시 그런 일을 겪지 않도록 노력하는 게 아니라 그냥 덮어 두려고만 하면 안 됩니다. 또는 '까마귀 날자 배 떨어진다.'는 속담처럼 원인을 잘못 파악하고 일의 전체를 그릇되게 판단하는 일도 없어야겠습니다.

그건 또 무슨 엉뚱한 소리예요?

여우는 오래 전부터 강가에 와서 물을 마시는 새끼양을 잡아먹으려고 별렀습니다. 그런데 무턱대고 잡아먹으면 늙은 양들이 몰려와서 귀찮게 굴 것이니 그럴 듯한 구실을 찾아야 했지요. 그래서 궁리하고 궁리하던 끝에 여우는 한 가지 신통한 구실을 생각해 냈답니다.

마침 점심때가 되니 새끼양이 물을 마시러 강가에 왔습니다.

여우는 살금살금 새끼양 곁에 다가와서 고함치듯 꾸짖었습니다.

"어른이 물을 마시려는데 넌 왜 물을 흐리는 거냐?"

그러자 새끼양은 웃으면서 상냥하게 말했지요.

"무슨 말씀을 그렇게 하세요. 물은 아래로 흐르지 않아요? 아저

씨는 위에 있고 저는 아래에 있는데 제가 어찌 물을 흐린단 말이에요?"

여우는 그 말에 낯까지 벌겋게 달아올랐지요.

하지만 오늘은 꼭 잡아먹고야 말겠다고 단단히 벼른 여우는 얼른 다른 구실을 찾아 냈습니다.

"보아하니 넌 아직 예의가 없더구나! 지난해 봄에도 어른을 만나서 인사도 안 하고 버릇없이 입을 쩍 벌리고 하품만 하더구나! 너처럼 버르장머리 없는 애는 아예 잡아먹는 것이 낫겠다."

여우의 말이 끝나자 새끼양은 키득키득 웃어대며 말했습니다.

"여우 아저씨, 그건 또 무슨 엉뚱한 소리예요? 전 올 봄에 태어났는데 어떻게 작년 봄에 아저씨를 만날 수 있었겠어요?"

"엉? 맞다. 그렇지. 하지만 네 어미가 버릇이 없으니까 너 역시 버르장머리가 없는 거야!"

여우는 새끼양이 대답할 틈도 주지 않고 단숨에 새끼양을 잡아먹었답니다.

논증의 규칙 ④

 이 이야기에서 여우의 생트집은 그야말로 '강도의 논리'지요.
 '새끼양이 강 하류에서 물을 마셨다.'는 것을 논거로 '새끼양이 강 상류의 물을 흐렸다.'는 논제를 논증하였으니 얼마나 황당한 논리입니까?
 그리고 '어미양이 버릇이 없다.'는 것을 논거로 삼아 '새끼양 역시 버르장머리가 없다.'는 것을 논증하였는데 이것도 얼토당토않은 논증이지요.
 설사 새끼양이 예의가 없다 하더라도 이것을 논거로 잡아먹어야 한다는 논제를 논증할 수는 없는 일입니다. 여기에서 여우는 바로 논증에서 논거의 둘째 규칙을 위반한 것입니다.

논거의 둘째 규칙은 논거는 반드시 논제의 충족한 이유가 되어야 한다는 것입니다.

옛날 서울의 한 정승에게 아들이 하나 있었습니다. 이 아들은 머리가 모자른 데다가 어릴 때부터 부모가 너무 싸고 돌아서 고집이 셌습니다.

그러던 어느 날 얼뜨기 아들이 새벽에 일어나자마자 큰 소리로 울면서 고함을 쳤습니다.

"내 돈을 어느 놈이 훔쳐갔어. 그놈을 잡아 주세요."

아닌 밤중에 홍두깨라고 새벽부터 아들이 집안을 시끄럽게 하자, 아버지는 놀라서 쫓아왔습니다. 물론 집안 하인들도 무슨 일인가 하고 달려왔지요.

"얘야, 대체 무슨 일이냐?"

그러자 아들이 하인 한 사람을 가리키면서 이렇게 말했어요.

"저놈이 내 돈을 훔쳐갔어. 이 도둑놈!"

하인은 땅바닥에 엎드려 억울하다고 주인에게 자신의 무죄를 호소했습니다.

"아들아, 대체 왜 저놈이 네 돈을 훔쳐갔다고 하는 거냐? 직접 네 눈으로 보기라도 했단 말이냐?"

얼뜨기는 낯을 붉히며 따지고 들었습니다.

"난 지난밤 꿈에 분명히 너를 봤는데 너는 왜 발뺌을 하는 거냐?"

애비는 아들의 말을 듣고 이렇게 호령하였습니다.

"네 이놈! 도련님이 봤다고 하는데도 거짓말을 하느냐? 못된 도둑놈을 얼른 잡아다 몹시 쳐라!"

이 이야기에서 얼뜨기의 논제는 '지난 밤 꿈에 하인이 돈을 훔쳐

가는 것을 봤다.'는 것이지요.

　이 논제를 논증하기 위한 얼뜨기의 논거는 '나는 지난밤 꿈에 하인을 봤다.'는 것입니다. 이 논거는 얼뜨기가 지난밤 꿈에 하인을 봤으니까 사실인 것만은 틀림없지요. 하지만 이 논거는 '하인이 돈을 훔쳐갔다.'는 논제와 아무런 필연적 연관도 없는 거지요. 꿈에서 벌어진 일을 현실에 적용해 무고한 사람을 도둑으로 몰 수는 없습니다. 그러므로 얼뜨기의 이 논거는 논제의 충족한 이유로 될 수 없는 것입니다.

　논거의 둘째 규칙을 위반하는 오류를 '논거 부족의 오류'라고 합니다.

　논거 부족인 경우, 근거가 없기 때문에 '허황된 주장'이 될 수 있습니다.
　세상에는 확인되지 않은 수많은 소문이 많습니다. 몇 가지 단편적인 상황들을 가지고 마음대로 추론하고 결론을 내려 다수의 사람들을 현혹하는 경우가 여기에 해당됩니다.

또는 사실일지라도 논거가 부족하다면 다수의 사람들을 논리적으로 충분히 설득할 수 없습니다. 그래서 사실이 거짓된 주장처럼 왜곡될 수도 있고, 반론이나 전혀 예상하지 못했던 가설에 의해 사실을 인정받지 못할 수도 있습니다.

가령 외계인에 대한 속설이라든가, 흡혈귀 전설, 인어의 존재 유무에 관한 이야기 또는 공룡의 멸종 원인 같은 입증되지 않은 다양한 학설의 경우가 그렇지요.

그저 흥밋거리거나 사람들의 환심을 사기 위해 만들어 낸 이야기를 구분하는 방법은 그 주장의 논거가 과연 입증할 만큼 충분한가를 따져 봐야 합니다. 같은 이야기를 빙빙 돌려 교묘하게 중언부언하면서 마치 서로 다른 근거를 충분히 댄 것처럼 속이는 것은 아닌지 살펴보세요.

주장에서 가장 중요한 것은 충분한 논거와 타당한 근거입니다.

아주 정확한 대답이오, 합격!

    토마스 아퀴나스는 중세 유럽의 스콜라 철학(유럽 중세기의 신학 중심의 철학)을 대표하는 이탈리아의 학자입니다.

    그는 세상의 모든 현상을 해석하는 데 통용되는 비결을 가지고 있었는데 그것은 본래부터 갖고 있는 '숨어 있는 질'을 지적하는 것이었답니다. 예를 들면 고무가 신축성을 갖게 되는 까닭은 고무가 신축의 '본성'을 갖고 있기 때문이라는 것입니다.

    프랑스의 이름난 극작가 몰리에르는 〈상상으로 앓는 사나이〉라는 극본에서 그들의 이런 황당한 논조를 신랄하게 풍자했습니다.

    극중에 나오는 의사 아르간은 전국의사협회에 가입하려고 신청서를 냈습니다. 전국의사협회에서는 관례대로 저명한 의학 박사

들로 이루어진 위원단을 구성하고 그의 자격을 시험해 봤습니다.

한 위원이 물었습니다.

"아르간 박사, 아편은 무엇 때문에 사람을 잠들게 하는가를 대답해 보시오."

"고명하신 박사님, 당신은 아편이 왜 사람을 잠들게 할 수 있느냐고 물으셨지요? 저의 대답은 이렇습니다. 아편은 그 자체에 잠들게 하는 힘을 가지고 있기 때문에 자연히 사람의 감각을 마비시키지요."

심사 위원들은 입을 모아 외쳤습니다.

"맞습니다. 맞고요! 아주 정확한 대답이오. 우리 의사협회에 가입할 자격이 충분합니다. 합격!"

논증의 규칙 ⑤

　이 이야기에서 아르간의 대답은 스콜라 학자들의 비위에 딱 들어맞는 거지요.

　심사 위원이 내놓은 문제(논제)는 '아편이 잠들게 하는 성분을 가지고 있다.'는 것입니다. 이 논제를 논증한 아르간의 논거는 '아편에 잠들게 할 수 있는 힘이 있다.'는 것입니다.

　그런데 '아편은 왜 잠들게 할 수 있는 힘이 있을까?'라고 묻는다면 '아편이 잠들게 할 수 있기 때문이다.'라고 대답할 것이지요.

　이건 실제 아무것도 논증되지 못한 것입니다. 이런 오류는 바로 논증에서 논거의 셋째 규칙을 위반한 것입니다.

　논거의 셋째 규칙은 논거의 참이 논제에 의하여 증명된 것이어

서는 안 된다는 것입니다.

논제의 참은 논거에 의해 논증되지요. 그런데 그 논거의 참이 논제에 의해 증명되었으니 이것은 실제 아무것도 논증되지 못한 것입니다.

한 가지 예를 들어 봅시다.

동생이 무엇이든지 안다고 뽐내는 형에게 물었습니다.
"형, 달빛은 왜 흰 거야?"
형이 주저하지 않고 대답했습니다.
"그거야, 사람들이 그걸 흰 것으로 보기 때문이지."
동생이 눈을 깜박거리며 또 물었지요.
"사람이 그걸 왜 흰 것으로 보는데?"
"거야, 달빛이 희니까 그렇지!"

형의 대답도 아르간의 대답과 마찬가지로 실제 아무것도 논증하지 못한 것입니다. 이런 오류들은 모두 논거의 참이 논제에 의하여 증명된 것이어서는 안 된다는 규칙을 위반한 것입니다.

논거의 셋째 규칙을 위반하는 오류를 '순환 논증의 오류'라고 합니다.

생텍쥐페리의 〈어린 왕자〉를 알고 있나요?

혼자서 작은 별에 살고 있던 어린 왕자는 일거리도 구하고 견문도 넓힐 생각으로 주변 별들에 살고 있는 이웃들을 찾아 나섭니다. 그가 만난 사람 중에는 매일 술만 마시는 술꾼도 있었어요.

다음은 어린 왕자와 술꾼이 나눈 대화입니다.

"무얼 하고 있어요?"

빈 병 한무더기와 술이 가득차 있는 병 한 무더기를 앞에 놓고 말없이 앉아 있는 술꾼을 보고 어린 왕자가 말했다.

"술을 마시지."

침울한 표정으로 술꾼이 대꾸했다.

"왜 술을 마셔요?"

"잊기 위해서지."

"무엇을 잊기 위해서요?"

측은한 생각이 든 어린 왕자가 물었다.

"부끄럽다는 걸 잊기 위해서지."

"뭐가 부끄럽다는 거지요?"

그를 돕고 싶은 어린 왕자가 캐물었다.

"술을 마시는 게 부끄러워!"

이렇게 말하고 술꾼은 침묵을 지켰다.

이 이야기에서 '술을 마시는 게 부끄럽다.'는 전제는 단순히 '술을 마시는 것을 잊기 위해 술을 마신다.'는 결론을 다른 말로 바꾼 문장일 뿐입니다. 사실상 '왜 술을 마시는가?'에 대한 물음에 대한 적당한 답변으로 증명되고 있지 않지요. 이 논증이 타당하려면, 결론의 근거가 되는 전제(왜냐 하면 이하의 내용)가 결론과 다른 내용으로 제시되고, 그것을 바탕으로 결론이 주장되어야 합니다. 논리적으로(글의 순서가 아니라) 먼저 제시되어야 할 근거가 제시되지 않은 채, 전제와 결론이 순환하고 있습니다.

우리는 가끔 어떤 사물이나 상황에 대한 정의를 내릴 때 이렇듯 똑같거나 비슷한 말을 반복하는 실수를 저지릅니다. 실수를 깨닫거나 잘못된 것을 알았을 때 분명히 '하지 말아야지.' 했다가도 사람들은 일상에서 그 일을 자꾸만 반복하는 경우가 많지요.

나는 어떤가요? 살아가면서 '순환논리의 오류'를 계속 저지르고 있는 건 아닌지요?

이야기 하나를 더 들어 볼까요.

세 명의 도둑이 있었습니다.

그들은 아주 값진 보석을 훔쳐 셋이서 똑같이 나누어 가진 다음 아무도 모르는 곳으로 달아나 살기로 약속했습니다. 그리고 세 도둑은 삼엄한 경비를 뚫고 박물관에 전시되어 있는 보석을 훔쳐 내는 데 성공했습니다. 이 보석은 프랑스의 국왕 루이 15세가 그의 아름다운 부인 마리 앙투아네트에게 선물했다는 다이아몬드로 모두 10개입니다. 약속한 대로 세 명의 도둑은 공평하게 자기 몫을 챙긴 다음 각자 떠나기로 했습니다.

"너 하나, 나 하나."

가운데 앉은 도둑 한 명이 자신의 오른쪽에 앉은 도둑과 자기 몫으로 하나씩 보석을 나누었습니다.

"너 하나, 나 하나."

이번에는 자기 왼쪽에 앉아 있는 도둑에게 하나를 주고 또 하나는 자기 앞에 두었습니다.

"너 하나, 나 하나."

그리고 처음에 했던 것처럼 자신의 오른쪽에 앉은 도둑과 자기 몫으로 하나씩 보석을 나누었습니다.

"너 하나, 나 하나."

왼쪽에 앉아 있는 도둑에게 하나를 주고 또 하나는 자기 몫으로

챙겼습니다. 그리고 보니 옆에 있는 도둑들은 다이아몬드가 두 개이고, 보석을 나눠 준 사람은 네 개를 가지게 되었습니다.

"어라? 이게 공평한 거야? 어째서 넌 네 개나 갖는 거지?"

기분이 상한 두 도둑이 화를 내며 말했습니다.

"그야, 내가 대장이니까."

"뭐라고? 왜 네가 대장이야? 언제 그런 걸 정한 적 있냐?"

동의를 구하기 위해 다른 한 명의 도둑의 얼굴을 쳐다보았습니다.

대장이라고 억지를 부린 도둑은 다음과 같이 말했어요.

"그걸 정말 모른단 말야? 내가 우리들 중에서 다이아몬드를 제일 많이 가졌잖아."

- 보석을 나누어 가지는 방법은 과연 공평했나요?
- 자신이 대장이라고 우기는 도둑의 논리는 정당한가요?
- 주변에서 말도 안 되는 논리 또는 아예 근거 없이 억지를 부리는 사람들의 예를 찾아보세요.

① 한범이와 윤하는 '세상에 존재하는 것들은 모두 가치가 있나?' 하는 문제를 놓고 논쟁을 벌였습니다. 한범이는 '사고 팔 수 있는 모든 상품은 가치가 있지만 공기나 햇빛과 같은 자연물은 가치가 없다.'고 주장했습니다. 그러나 윤하는 '공기나 햇빛이 가치가 없다는 것은 틀린 말이야. 만약 공기나 햇빛이 없다면 사람이 살 수 있을까? 그러니 공기나 햇빛의 가치는 그 어떤 상품보다도 더 큰 거야!'라고 반박했습니다.

두 사람은 하루 종일 이 문제를 가지고 토론했지만 끝을 보지 못하고 말았습니다. 왜일까요?

② 상욱이는 언제나 거짓말을 잘 했어요. 그래서 친구들은 상욱이의 말이라면 아무것도 곧이듣지 않았습니다. 상욱이의 나쁜 버릇을 고쳐 주려고 생각한 준이는 상욱이에게 말했습니다.

"넌 왜 거짓말만 하고 돌아다니는 거냐? 그러니까 다른 애들이 너를 거짓말쟁이라고 놀리는 거야!"

그러자 상욱이는 오히려 발끈 화를 내면서 큰 소리로 말했어요.

"내가 언제 거짓말을 했다고 그래? 거짓말이란 존재하지 않는 것을 말하는 거야. 존재하지 않는 것은 말하려 해도 말할 수 없는 거지. 그러니까 내가 어떻게 거짓말을 할 수 있니?"

상욱이의 이런 논증은 왜 틀렸을까요?

③ 경찰은 가겟집 주인의 신고를 받고 한 남자를 붙잡아 왔습니다.

경찰 : 당신은 왜 남의 가게에서 몰래 물건을 훔쳤소?

남자 : 전 나쁜 마음을 먹고 그런 게 아닙니다.

경찰 : 남의 물건을 훔치는 것은 범법 행위라는 걸 모르는가?

남자 : 사실 저는 탐정 소설을 구상하고 있는 중인데 남의 물건을 훔칠 때 도둑의 심리 상태를 체험해 보려고 그런 겁니다.

경찰 : 그래? 그렇다면 이젠 감옥에 들어간 범죄자의 심리 상태를 한 번 체험해 보오!

이 남자의 논거는 정말 황당합니다. 이 논증은 어느 규칙을 위반한 것일까요?

④ 성적표를 받아온 해철이에게 엄마가 큰 소리로 말했습니다.

"대체 이걸 성적이라고 받아온 거냐? 차라리 우리 집 강아지를 공부시

켜도 이것보단 낫겠다."

그러자 억울해진 해철이가 기어들어가는 목소리로 변명했어요.

"우리 집은 너무 시끄러워서 공부를 할 수가 없어요."

그 소리를 들은 엄마는 당장 해철이를 책상에 앉혔습니다. 그리고 해철이의 양쪽 귀를 솜으로 틀어막은 다음 이렇게 중얼거렸습니다.

"이젠 공부를 잘 하겠지. 다음 학기엔 성적이 분명히 오를 거야."

엄마의 생각은 무엇이 잘못되었나요?

5 선생님께서 병원에 입원하셨다는 말을 듣고 동혁이가 준이에게 물었습니다.

동혁 : 선생님은 왜 병에 걸렸을까?

준이 : 그건 선생님의 몸이 튼튼하지 못해서 면역이 약하기 때문이야

동혁 : 선생님은 왜 몸이 튼튼하지 못하고 면역이 약할까?

준이 : 그거야, 선생님이 병에 걸렸기 때문이지 뭐야!

준이의 대답은 왜 틀렸을까요?

① 한범이의 주장은 경제학에서 말하는 '가치'를 논제로 삼은 것이며, 윤하의 주장은 일상 생활에서 보통 말하는 '가치'를 논제로 삼은 것입니다.
　이와 같이 이 논쟁은 도대체 어느 '가치'를 두고 말하는가 하는 논제가 명확하지 못합니다. 두 사람의 논증은 모두 논제의 첫째 규칙을 위반한 '논제 불명의 오류'를 범한 것입니다.

② 상욱이의 논증은 논제의 규칙을 위반한 것입니다.
　상욱이의 '거짓말이란 존재하지 않는 것을 말하는 거야.'는 말에서 '존재하지 않는 것'은 실제 세상에 없는 사실이 아닌 것을 가리킵니다.
　그런데 '존재하지 않는 것은 말하려 해도 말할 수 없는 거지.'라는 말에서의 '존재하지 않는 것'은 세계에 근본적으로 존재하지 않아 상상할 수도 표현할 수도 없는 것을 가리키는 것입니다.
　그러므로 뒤에 쓴 '존재하지 않는 것'과 앞에 쓴 '존재하지 않는 것'은 완전히 다른 것입니다. 이와 같이 원래의 논제를 슬그머니 다른 논제로 바꿔 놓고 자기가 거짓말쟁이가 아님을 논증하려 했습니다.
　이것은 논제의 둘째 규칙을 위반한 '논점 일탈의 오류'를 범한 것입니다.

③ 남자의 논거는 그야말로 얼토당토않은 거짓입니다.
　이 논리대로 한다면, 도둑을 주제로 한 소설을 쓰려면 도둑질을 해 봐야 하고 살인 사건을 묘사한 소설을 쓰려면 사람을 죽여 봐야 한다는 겁니다.
　경찰은 바로 그런 황당한 논리에 따라 '감옥에 들어간 사람의 심리 상태를 체험해 보라.'고 한 것이지요.
　남자의 논증은 바로 논거의 첫째 규칙을 위반한 '거짓 논거의 오류'를 범한 것입니다.

❹ 과연 해철이 엄마의 생각처럼 해철이의 성적은 올라갈 수 있을까요? 해철이 엄마의 논제는 '공부가 잘 될 것이다.'이고 논거는 '귀를 막으면 조용해진다.'는 것입니다. 하지만 귀를 막는 것은 성적을 올릴 수 있는 충족한 이유는 되지 않습니다. 해철이의 성적을 올리기 위해 가장 중요한 것은 본인의 끊임없는 노력과 특별한 공부법이 있어야 합니다. 그러므로 해철이 엄마의 이 논증은 논거의 둘째 규칙을 위반한 '논거 부족의 오류'를 범한 것입니다.

❺ 준이는 동혁의 물음(논제)에 실제 아무런 대답도 주지 못했습니다. 왜냐 하면 논거가 참임이 논제에 의하여 증명되었기 때문입니다.
그러므로 준이의 논증은 바로 논거의 셋째 규칙을 위반한 '순환 논증의 오류'를 범한 것입니다.

송아지를 말의 새끼라고 우기는 사또

오늘은 닷새에 한 번씩 열리는 장날입니다.

한 농부가 늙은 암소 한 마리와 송아지 한 마리를 함께 팔려고 장터에 갔습니다. 낳은 지 얼마 안 된 송아지는 하루 종일 어미소만 따라다녀 이왕이면 어미와 새끼소를 함께 파는 것이 좋겠다고 생각했던 것입니다.

그런데 장터 한복판 말뚝에 암소를 매놓고 소를 사 갈 사람을 기다리던 중 잠깐 사이 송아지가 없어졌습니다.

한참을 찾아 헤매다가 겨우 송아지를 찾았습니다. 그런데 이상하게도 송아지는 제어미가 아닌 남의 말들 무리 속에 섞여서 빠져 나오지 못하고 뱅뱅 돌고 있었지요.

농부는 화가 나서 회초리를 휘두르며 자기 송아지를 몰아 내오려고 하는데 옆에서 말을 지키고 있던 젊은이가 버럭 소리를 질렀습니다.

"여보시오, 남의 송아지는 왜 끌고 가려 하는 거요?"

"이놈은 우리 집 송아지요! 그래서 어미소에게 데려가려는 거요."

농부가 대답하자 험상궂은 젊은이는 당장 때릴 듯이 주먹을 치켜들며 대들었습니다.

"허튼소리 말고 물러가지 못해? 이 송아지는 우리 황 지주네 말에 딸린 송아지란 말이야!"

젊은이의 기세에 눌린 농부는 더 말도 못하고 송아지를 빼앗기고 말았습니다.

하지만 생각할수록 억울하고 분통이 터지는 일이었지요. 그래서 농부는 고을 사또에게 찾아가 자초지종을 고하고 송사를 올렸습니다.

농부의 말을 다 듣고 난 사또는 농부에게 물었습니다.

"그 말들이 누구네 것이라더냐?"

"예, 황 지주네 말들이라고 합니다."

이 말에 사또는 의관을 바로잡고 큰 기침을 한 번 하고는 다음과 같이 판결을 내렸습니다.

"그 송아지가 말들에 섞여 노는 것을 봐서 말에 딸려 있는 송아지가 분명하다. 필시 늙은 암소와 함께 있지 않으니 암소에게 딸려 있는 새끼는 아니로다. 그러니 송아지는 필시 황 지주네 것이 분명하도다!"

집에 돌아온 농부는 너무나 분해서 대성통곡했습니다.

그러자 그의 아내가 남편의 귀에 대고 무어라고 속삭였습니다.

"분하다고 울기만 하면 무슨 소용이 있나요? 빼앗긴 송아지가 돌아오기라도 하나요? 방법을 찾아봐야지!"

이튿날 농부는 아내를 데리고 사또가 자주 지나가는 길목에 서 있었습니다.

거기서 농부는 물고기를 잡는 그물을 펴들고, 그의 아내는 큰 길을 오르내리면서 소리쳤습니다.

"자, 이면수도 들고 산천어도 들거라! 내 그물에 들어오기만 하면 말들 속에 섞여 있는 송아지를 말의 새끼라고 우기는 사또에게 올릴 테다!"

이 소리에 지나가던 많은 사람이 웅성거리며 구름처럼 모여들었습니다.

바로 이때 사또가 가마를 타고 이쪽으로 오고 있었습니다. 사또가 가마에서 내려다보니 길가에서 그물을 펴들고 소리치는 사람을 보며 구경꾼들이 둘러서서 웃고 있었습니다.

사또는 가마에서 내려 그 농부에게 호령했습니다.

"이 무식한 놈아! 고기란 자고로 물에서 사는 건데 어찌 물 한 방울 없는 길에서 그물질을 한단 말이냐? 하물며 사또님이 행차하는 길을 막고 백성들을 웃기다니 괘씸하기 짝이 없구나. 당장 물러가지 못할까?"

사또의 말이 떨어지자마자 농부는 목청을 돋우어 말했습니다.

"소인도 물고기란 자고로 물속에 사는 줄을 모르는 바 아닙니다. 그러나 사리 판단이 밝으신 사또께서 말에게 송아지가 딸려 있다고 얼토당토않은 판결을 내리시니 물에 사는 고기도 땅에 딸릴 수 있을 것이라고 생각했지요. 하여 이렇게 그물을 치고 있사옵니다."

이 말을 듣고 난 사또는 혀가 꼿꼿이 굳어 아무 말도 못 하고 가마에 올라탔지요.

그러자 모여 있던 구경꾼들은 사또의 가마가 날아갈 만큼 크게 웃었습니다.

- 말을 지키던 젊은이는 왜 농부의 송아지를 황 지주네 송아지라고 우겼을까요?
- '말에 딸려 있다.', '소에 딸려 있다.' 는 말은 무슨 뜻일까요? 짐승의 새끼들의 습성을 참고로 생각해 보세요.
- 사또는 왜 송아지의 임자를 잘못 가려 냈을까요?

논박이란 무엇일까

사또는 어찌하여 혀가 꼿꼿이 굳어 아무 말도 못하게 되었을까요? 그것은 농부가 사또의 엉터리 논증을 곧바로 논박하였기 때문이지요.

사또는 '송아지가 말들에 섞여 노는 것을 봐서 말에 딸려 있는 송아지가 분명하다.'라고 하였다.

만일 사또의 이 판단이 참이라면 '고기는 땅에 딸릴 수 있을 것이다.'라는 것도 참이다. 그런데 '고기는 땅에 딸릴 수 있을 것이다.'라는 판단은 황당한 것이다.

그러므로 '송아지는 말에 딸려 있다.'라는 판단은 거짓이다.

농부는 참 멋지게 논박하였지요? 그럼 논박이란 무엇일까요?

　　논박이란 상대방의 논제가 거짓이라는 것을 증명하는 사유 과정입니다.
　　논증은 논제가 참임을 확정하는 사유 과정이고, 논박은 논제가 거짓임을 확정하는 사유 과정입니다.
　　그러므로 논박은 하나의 특수한 논증 형태라고 할 수 있습니다. 따라서 논박의 구조도 논증의 구조와 특별히 다른 것이 없지요.

　　논박의 구조는 아래와 같은 세 개의 부분으로 되어 있습니다.

- 논박되는 논제 : 거짓으로 확정되는 판단
- 논박의 논거 : 논제가 거짓임을 확정하는 데 쓰이는 판단
- 논박의 방식 : 논제가 거짓임을 논박하는 추리의 형식

　　예를 들어 봅시다.

"어떤 사람은 새는 모두 날 줄 안다고 주장하는데 이것은 틀린 것이다. 어떤 새(타조와 같은 새)는 날 줄 모른다."

이 주장은 어떤 사람의 논제에 대한 논박인데, 그 구조를 보면 다음과 같습니다.

- 논박되는 논제 : 모든 새는 날 줄 안다.
- 논박의 논거 : 어떤 새는 날 줄 모른다.
- 논박의 방식 : 직접추리의 형식으로 논박

논증은 논제, 논거, 논증 방식 등 세 부분으로 구성되어 있지요. 그러므로 이런 논증에 대한 논박도 논제에 대한 논박, 논거에 대한 논박, 논증 방식에 대한 논박으로 나누어집니다.

미주알 고주알

　과수원을 하는 농부가 있었습니다. 그는 무척 부지런하여 이른 봄에서 늦은 여름까지 아주 열심히 일을 했지요. 덕분에 가을이 되자 그의 과수원에는 과일들이 주렁주렁 열렸습니다.

　하지만 과일을 채 따기도 전에 까마귀 떼가 몰려와 잘 익은 과일들을 쪼아 먹었습니다. 땀흘려 농사 지은 과일들을 팔기도 전에 까마귀들이 망쳐놓아 농부는 화가 났습니다.

　"저놈의 까마귀! 훠이, 물러가라. 훠이!"

　농부는 까마귀를 쫓아 내느라 하루 종일 애를 썼습니다. 하지만 까마귀들은 이 나무 저 나무로 날아다니면서 과일을 쪼아 먹었지요.

　농부는 잠시 궁리를 했습니다. 어떻게 하면 까마귀들이 과일을 쪼아 먹지 못하도록 막을 수 있을까 하고 말이죠.

　"옳지! 그 방법이 있었군."

　다음 날 아침, 농부는 커다란 그물을 만들었습니다. 그리고 과일 나무 위에 그물을 쳐 놓았습니다.

　얼마 후, 향긋한 과일 냄새를 맡고 쪼아 먹기 위해 날아온 까마귀들은 그물에 걸리고 말았어요. 농부는 재빨리 달려와 그물을 걷었지요. 그런데 그 속에는 까마귀가 아닌 까치도 한 마리 들어 있었습니다.

"농부님, 저는 과일을 쪼아 먹지 않았어요. 제발 살려 주세요."

"네가 과일을 쪼아 먹지 않았다는 것을 어떻게 믿을 수 있냐? 넌 분명히 까마귀 무리 속에 함께 있었는걸. 너도 그놈들과 한 패거리야. 절대 살려 둘 수 없어."

농부는 이렇게 말을 끝내고 까마귀와 까치를 모두 죽여 버렸습니다.

생각해보세요

- 농부의 행동에 대해 여러분은 어떻게 생각하나요?
- 까치에게는 잘못이 하나도 없을까요?

이건 내가 자네에게 주는 사랑의 매야

　한범, 동혁, 해철은 학창 시절 아주 절친했던 친구들입니다. 중고교 시절 6년 동안 합주실에 모여 좋아하는 외국 록그룹의 음악을 함께 들으며 밤새도록 노래 연습을 하고, 대학 가요제에 나갈 꿈을 꾸며 추억을 나눴습니다. 그러나 학교를 졸업한 후에는 그들의 처지는 전혀 달라졌습니다.

　한범은 집이 가난하여 대학 입학은 꿈도 꾸지 못한 채 바로 군 입대를 했고, 제대 후에는 건설 현장에서 막노동을 하면서 간신히 하루하루를 벌어먹는 신세가 되었습니다.

　동혁은 잘 나가는 아버지를 둔 덕분에 외국 유학을 다녀와 젊은 나이에도 불구하고 굴지의 대기업에 임원으로 발령이 났습니다.

유명한 정계 집안의 참한 아가씨와 호화로운 결혼식도 올려 행복한 가정도 꾸렸습니다. 나머지 한 친구인 해철은 아이디어 상품을 개발해 투자자의 도움으로 벤처 회사를 차렸습니다. IMF를 맞아 벤처 회사들이 하나 둘 문을 닫고 사라져 갔지만, 해철의 회사는 정보통신 기술의 발전과 정부의 산업 육성책에 힘입어 큰 돈을 벌었습니다. 장래가 촉망되는 기업가 유망주 리스트에 꼽혀 시사 주간지에 소개되기도 했고, 신문사와 방송국 인터뷰 요청도 끊임없이 받을 만큼 유명해졌습니다.

어느 날, 한범이 공사장에서 늦은 점심을 먹고 신문에서 우연히 해철의 인터뷰 기사를 읽게 되었습니다. 학창 시절 절친했던 친구가 이렇게 유명해졌다는 사실에 왠지 뿌듯하기도 하고, 자기 일처럼 기뻤습니다. 그래서 당장 친구를 축하해 주기 위해 그를 찾아갔습니다.

해철은 강남의 대형 주상복합빌딩의 로얄층에 사무실을 가지고 있었지요. 그런데 부자가 된 친구는 초라한 행색의 그를 보더니 본체만체하면서 아주 쌀쌀하게 대했습니다. 사무실에 올라가기 위해 건물 입구에서 경비원에게 당한 수모보다 친구의 변한 모습이 더 속상해서 인사만 하고 돌아가던 참이었습니다.

바로 이때 공교롭게도 동혁과 마주치게 되었습니다. 동혁은 고위관리층인 장인 덕분에 정계 진출을 준비한다는 말을 하려고 해철이를 찾아온 것이었습니다. 그런데 이게 어찌된 일일까요? 조금 전 자신에게는 무척 쌀쌀하게 대하던 해철이가 멀쑥한 양복 차림에 수행원을 대동하고 찾아온 동혁에게는 악수를 청하며 반갑게 맞아들이는 것 아니겠습니까?

이 모습을 보고 괘씸한 생각이 든 한범은 해철에게 큰 소리로 따졌어요.

"이봐 친구, 너무하지 않은가? 우리 셋은 학창 시절 모두가 부러워하던 절친한 친구 사이였어. 그런데 왜 저 친구는 그렇게 반갑게 대하고 나한테는 그렇게 쌀쌀하게 구는 거지?"

그러자 해철이 이렇게 대답하였습니다.

"허허, 이 친구 속 좁게 왜 이러나? 오해하지 말라고! 그래, 자넨 나의 성미를 아직 모르는 것 같군. 난 원래 겉으로 반갑게 대하는 사람은 속으로 쌀쌀하게 대하고 또 속으로 반갑게 대하는 사람은 겉으로는 쌀쌀하게 대한다네."

한범은 '그래?' 하고 옛 기억을 더듬으며 한참 머뭇거렸습니다. 하지만 아무리 생각해 봐도 그의 말은 사실이 아닌 것 같았습니다. 오히려 거짓말하는 친구가 더 얄미웠지요.

한범은 지나는 노인의 지팡이를 빌려 해철의 머리를 사정없이 내리치면서 이렇게 말했습니다.

"내가 자네를 때리는 건 자네를 사랑하는 것이고, 자네를 때리지 않는 건 자네를 사랑하지 않는 것이야! 그런즉 난 자네를 때리지 않을 수 없네. 이건 내가 자네에게 주는 사랑의 매야. 그러니 오해하지 말라고!"

그리하여 해철은 찍소리도 못하고 한범이의 사랑의 매를 맞았답니다.

논제에 대한 논박

    이 이야기에서 노동자 친구는 '겉으로 반갑게 대하는 것은 속으로 쌀쌀하게 대하고, 속으로 반갑게 대하는 것은 겉으로 쌀쌀하게 대한다.'는 상대방의 논제를 참이라고 가정한 후 이로부터 '때리는 건 사랑하는 것이고, 때리지 않는 건 사랑하지 않는 것이다.'라는 황당한 결론을 끌어 냄으로써 상대의 논제를 여지없이 논박했습니다.

    논제에 대한 논박이란 상대방이 제기한 논제가 거짓임을 증명하는 것입니다.

    논제에 대한 논박은 논박의 방식들 중에서 가장 중요한 방식입니다. 왜냐 하면 상대방의 관점은 바로 논제를 통해서 반영되기

때문이지요. 그러므로 논제가 거짓임이 증명되면 상대방의 관점이 몽땅 논박되는 겁니다.

논제에 대한 논박에는 직접논박과 간접논박 두 가지가 있습니다.

직접논박이란 전형적인 사실로써 상대방의 논제가 거짓임을 증명하는 것입니다.

예를 들어 볼까요.

준이가 말했습니다.

"나는 컴퓨터 게임을 하지 않는다." ⋯ (논제)

"컴퓨터 게임을 하면 엄마한테 혼이 난다는 것을 알면서 내가 어떻게 게임을 할 수 있겠니?" ⋯ (논거)

이에 대하여 상욱이는 다음과 같이 논박했습니다.

"아까 낮에 학교 앞 PC방에서 네가 나오는 걸 내가 직접 봤는데도 게임을 안 한다고 우겨?"

이와 같이 상욱이는 '나는 컴퓨터 게임을 하지 않는다.'는 논제가 거짓이라는 것을 직접 증명했습니다.

　간접논박이란 상대방의 논제와 모순되는 논제가 참임을 증명함으로써 상대방의 논제가 거짓임을 확정하는 것입니다.

　예를 들면 '준이는 순진한 학생이다.'라는 논제에 대하여 상욱이는 먼저 이 논제와 모순되는 논제, 즉 '준이는 순진한 학생이 아니다.'라는 논제가 참임을 다음과 같이 증명했습니다.

'순진한 학생은 규칙을 지키는데 준이는 친구들과 자주 싸우고, 선생님 몰래 PC방 출입도 하며, 거짓말도 자주 한다.'

이와 같이 '준이는 순진한 학생이 아니다.'라는 논제를 증명함으로써 '준이는 순진한 학생이다.'라는 논제가 거짓임을 증명했습니다.

상대방의 논제가 참이라고 가정한 다음 이로부터 황당한 결론을 이끌어 내어 상대방의 논제를 부정하는 논박 방식도 간접논박에 속합니다.

〈송아지 주인은 누구〉에서 사또의 논제에 대한 논박 방식과 〈따끔한 사랑의 매〉에서 관리를 혼내 준 친구의 논박 형식 등은 간접논박 방식입니다.

수말이 낳은 망아지를 얻어오게

한 마을에 논밭 모두 합쳐 구천구백 평이나 가진 부자가 살고 있었습니다. 그에게는 소원이 하나 있었는데 그건 바로 땅 백 평을 더 얻어 만 평을 채워 이 고을에서 제일 가는 부자가 되는 것이었습니다.

그런데 이 마을에는 삼대를 내려오며 손발이 닳도록 괭이질, 삽질을 하여 일군 자갈밭 백 평을 가진 농부가 살고 있었지요. 이 집 아이의 이름이 똘똘이라서 사람들은 그 농부를 똘똘이 아버지라고 불렀습니다.

똘똘이네 그 자갈밭에 눈독을 들인 부자는 어느 날 묘한 계책이 떠올라 머슴을 시켜 똘똘이 아버지를 불러오게 하였습니다.

부자는 똘똘이 아버지에게 말을 걸었습니다.

"임자를 오라고 한 건 다름이 아니라, 겨울에 할 일도 없고 하여 심심하니 장기나 두자는 걸세! 한데 장기란 내기가 없으면 재미가 없는 법이야. 그러니 진 사람은 수말이 낳은 망아지를 얻어 와야 하네. 망아지를 얻어 오지 못하면 그 대신 땅 백 평을 내기로 하세!"

보아하니 이건 자갈밭을 억지로 뺏으려는 수작임이 뻔하지만 권세 있는 부자의 말이라 똘똘이 아버지는 울며 겨자먹기로 장기를 둘 수밖에 없었습니다.

똘똘이 아버지는 지지 않으려고 머리를 써가며 두었지만 부자 편을 들어 훈수하는 놈들이 어찌나 많은지 끝내 장기에 지고 말았습니다.

부자는 입이 함지박만해져서 말했지요.

"장기에 졌으니 내일까지 수말이 낳은 망아지를 얻어 와야겠네. 얻어 오지 못하면 그 자갈밭 백 평을 내가 가지겠네!"

집에 돌아온 차돌이 아버지는 너무도 기가막히고 억울하여 식음을 전폐하고 자리에 드러누웠습니다.

차돌이는 수심에 잠긴 아버지에게 무슨 일로 그렇게 상심하시는지를 물었습니다.

아버지는 부잣집에서 있었던 억울한 일을 낱낱이 이야기하고 나서 땅이 꺼지도록 한숨을 쉬며 말했습니다.

"글쎄, 암말이 낳은 망아지라면 몰라도 수말이 낳은 망아지를 어디 가서 구해 온단 말이냐? 이젠 자갈밭은 뺏기게 되었구나!"

"아버지, 너무 상심 마시고 저녁진지나 드십시오. 수말이 낳은 망아지는 못 얻어올망정 그 영감의 수작에 넘어갈 수야 있겠습니까? 저에게 방책이 있으니 속을 태우지 마십시오."

똘똘이는 이튿날 아침 꼴망태를 지고 부잣집을 찾아갔습니다.

부자는 똘똘이를 보자 어제 일이 궁금해서 물었습니다.

"얘야, 네 애비는 집에서 뭘 하길래 아직 오질 않느냐?"

그러자 똘똘이가 차분한 목소리로 또박또박 대답했습니다.

"어르신님, 우리 집에 대단한 경사가 났습니다. 아버지께서 엊저녁에 몸을 풀어 아들을 낳았는데 글쎄 쌍둥이가 아니겠습니까. 지금 산부는 바람을 맞을까 봐 오시지 못하고 제가 몸을 푼 아버지에게 미역국을 대접해 드리려고 읍으로 미역을 사러 가는 길입니다."

이 말에 부자가 입을 딱 벌리고 말했습니다.

"예끼, 이 무식한 놈아! 그런 얼토당토않은 소리가 어디 있느냐? 머리 쪽진 여편네가 아이를 낳았다면 몰라도 상투 튼 남자가 어떻게 아이를 낳는단 말이냐!"

그러자 똘똘이가 당차게 맞받아쳤습니다.

"예, 상투 튼 남자가 아이를 낳지 못하는데 수말이 어떻게 망아지를 낳겠습니까? 세상에 없는 수말이 낳은 망아지를 얻어 오라고 하신 어르신님의 말씀이야말로 얼토당토않은 허튼소리입니다."

똘똘이에게 한 방 먹은 부자는 말문이 막혀 그저 눈만 부라릴 뿐이었습니다.

논거에 대한 논박

똘똘이는 부자의 논거가 얼토당토않다는 것을 밝힘으로써 수말이 낳은 망아지를 얻을 수 있다는 부자의 논제를 논박했습니다.

논거에 대한 논박이란 상대방이 자기의 논제가 참임을 논증하기 위해 들고나온 논거가 거짓이라는 것을 밝힘으로써 상대방의 논제를 논박하는 것을 말합니다.

논거에 대한 논박은 우리가 많이 쓰는 논박 방법입니다. 우리는 상대방의 주장(논제)을 논박할 때 보통 상대방이 들고나온 근거(논거)가 거짓임을 밝히지요.

그래서 누가 뭐라고 주장할 때 그것이 틀린 주장이면 '그 근거는 뭐냐?'고 따지지요. 그런 다음 '그 근거는 틀린 거야.'라고 논박하지요. 이렇게 상대방이 든 근거가 거짓임을 밝히면 상대방의 주장(논제)도 거짓으로 되지요.

그런데 논거에 대한 논박에 있어서 마땅히 알아야 할 점이 한 가지 있습니다. 그것은 상대방의 논거를 논박해 냈다고 하여 꼭 상대방의 논제도 논박해 낸 것은 아니라는 점입니다. 상대방의 논거를 논박했다는 것은 다만 논제에 관한 상대방의 논증이 성립되지 않음을 증명했을 뿐 상대방의 논제 자체를 논박한 것은 아닙니다.

한 가지 예를 들어 봅시다.

오후 2시경, 집에 둔 돈가방을 도둑맞은 주인은 옆집 젊은이를 의심했습니다. 그래서 오후 2시경에 그 젊은이가 자기 집에 있지 않았다는 사실까지 알아냈습니다.

저녁에 주인은 옆집 젊은이를 불러다 놓고 따졌습니다.

"이웃 사이에 그래서야 되겠나? 돈가방을 어서 내놓게."

젊은이는 눈이 휘둥그레져 물었습니다.

"아니, 돈가방이라니요?"

주인은 버럭 성을 내며 소리쳤지요.

하지만 젊은이는 딱 잡아뗐습니다.

"전 돈가방을 도둑질하지 않았어요."

그러자 주인은 얼굴을 붉히면서 따지기 시작했습니다.

"자넨 오늘 오후 2시경에 어디 갔었는가?"

"가긴 어디로 갔단 말이요? 집에 있었지."

"정말인가?"

"정말이고말고요."

"집에 있지 않았다는 걸 나는 이미 자네 동생을 통해 다 알고 있다네. 그래도 거짓말을 할 작정인가?"

"그건……."

젊은이는 더 이상 대답을 못했습니다.

그러자 주인은 책상을 탁 치며 말했습니다.

"이놈아, 집에 있지 않고도 있었다고 하는 넌 틀림없는 도둑놈이다! 어서 파출소로 가자!"

어때요? 주인의 이 판단은 옳은 것일까요?

이 이야기에서 젊은이의 주장을 보면 다음과 같습니다.

- 논제 : 나는 돈가방을 도둑질하지 않았다.
- 논거 : 나는 2시경에 집에 있었다.

주인은 젊은이의 이 논거가 거짓임을 증명함으로써 '나는 돈가방을 도둑질하지 않았다.'는 젊은이의 논제를 논박했습니다.

파출소에서 조사한 바에 의하면 옆집 젊은이가 그날 오후 2시경에 집에 있지 않은 것은 사실이었습니다. 그러나 젊은이는 오후 2시경에 그 주인의 딸과 영화 보러 간 거지 도둑질하러 간 것은 아니었습니다. 젊은이는 주인의 딸과 남몰래 사귀는 사이였지요. 그래서 젊은이는 집에 있었다고 거짓말을 한 거랍니다.

이 예를 통해 알 수 있는 바와 같이 젊은이의 논거는 논박되었지만 젊은이의 논제는 논박된 것이 아니지요. 그러므로 상대방의 논제의 허위성을 증명하자면 반드시 상대방의 논제를 논박해야 합니다.

위대한 발명가 에디슨이 어렸을 때 달걀을 품어서 병아리를 까려고 했던 적이 있다는 이야기를 들어 보았겠지요? 아마 에디슨은 이렇게 추리했을 거예요.

- 닭이 달걀을 품으면 병아리가 나온다.
- 나도 달걀을 품어 보자.
- 그러면 달걀에서 예쁜 병아리가 태어날 것이다.

에디슨의 추리가 잘못되었다는 것을 논박하려면 어떻게 할까요? 그래요. 닭이 달걀을 품으면 병아리가 나오지만, 에디슨은 닭이 아니라 사람입니다. 잘못된 전제로부터 내려진 결론은 잘못된 것이라는 점을 지적해야 합니다.

　최근 텔레비전에서 토론 프로그램을 자주 볼 수 있습니다. 국회뿐만 아니라 교육 방송에서도 학생들의 토론 대회도 개최하여 바른 토론 문화가 우리 사회에 정착되어 가고 있다는 것을 느끼게 됩니다. 하지만 상대의 주장에 대해 제대로 논박하는 경우가 드물어 안타깝지요.

　토론의 과정에서 상대의 주장에 대해 논박할 때는 다음과 같은 점에 주의해야 합니다.

　우선 과격한 논박을 계속해서는 안 됩니다. 상대방을 비꼬거나 경멸하는 말투와 단어를 사용하는 것은 토론의 주제와 상관없이 분위기를 망치기 쉽습니다. 또한 상대방에 대한 인신 공격성 발언을 스스럼없이 하거나, 자신의 의견은 없이 상대방의 발언 중 일부를 가지고 꼬투리를 잡는 것도 삼가야 합니다.

　논리와 상관없이 동정심을 유발하기 위해 감정에 호소하거나, 자신에게 주어진 발언 시간을 고려하지 않고 하고 싶은 말을 끝까지 다하는 것도 바람직하지 않습니다.

머리에 부스럼이 나서 깎았을 뿐인데

하루는 중이 절간의 지붕에 올라가 일하다가 그만 실수로 도끼를 떨어뜨렸는데 마침 불공을 드리러 온 사또 딸의 머리에 떨어져 딸이 그 자리에서 죽고 말았습니다.

이 소식을 듣자 화가 머리끝까지 오른 사또는 당장 그 중을 잡아들이라고 호령하였습니다. 그런데 일을 저지른 중은 잡히면 죽는다는 걸 뻔히 알고 있는지라 벌써 어디론가 줄행랑을 쳤지요.

그래서 사또는 그 고을의 대머리들을 몽땅 잡아들이라고 명령했습니다. 수십 명의 대머리들은 그날로 모두 감옥에 갇혔지요.

이튿날이었습니다. 한 젊은이가 사또한테 찾아와 따지고 들었습니다.

"중이 죽인 것이 분명한데 왜 무고한 대머리들을 잡아 가둡니까?"

사또는 붉으락푸르락하면서 그 젊은이에게 호통을 쳤습니다.

"중은 대머리가 아니고 뭐냐? 그러니 대머리도 중이란 말이야! 중놈이 사람을 죽였으니 대머리를 잡아 가두는 게 뭐가 틀렸단 말이냐?"

"억울하옵니다. 저의 아버님은 머리에 부스럼이 나서 머리를 깎았사온데……."

논증 방식에 대한 논박

사또가 고을의 대머리를 몽땅 잡아들인 이유는 정말 얼토당토않은 거지요. 그래서 젊은이가 따지고 드니 사또는 자기 주장(논제)의 정당성을 이렇게 논증했습니다.

- 중은 대머리다.
- 그러므로 대머리는 중이다.

이 논증 방식의 추리 형식을 보면 환위법 추리이지요. 그런데 사또의 '환위법'은 우리가 이미 배운 바와 같이 환위법 추리의 규칙을 위반한 것입니다. 이 환위법의 전제인 '중은 대머리다.'는 전칭긍정

판단이지요. 그러므로 전제 판단의 주어(중)는 주연되고 술어(대머리)는 부주연되었지요. 그런데 환위한 후의 판단인 '대머리는 중이다.'는 전제 중에서 부주연 되었던 '대머리'가 주연되었지요.('대머리는 중이다.'는 '모든 대머리는 중이다.'와 같은 판단으로서 '대머리'의 외연의 전부를 가리키는 것이므로 '대머리'가 주연되었지요).

이것은 바로 '전제 중에서 부주연되었던 개념은 환위한 후에도 주연되지 말아야 한다.'는 환위법의 규칙을 위반한 것입니다. 젊은이는 바로 사또의 이 오류를 생생하게 논박했던 것입니다.

이와 같이 논증 방식에 대한 논박이란 상대방이 든 논거로는 상대방이 증명하려는 논제를 추려 낼 수 없다는 것을 밝히는 것입니다. 다시 말하면 상대방이 든 논거와 논제 사이에 논리적 연관이 없다(논리의 규칙을 위반했다)는 것을 제시하는 논박 방법을 논증 방식에 대한 논박이라고 합니다.

논증 방식에 대한 논박에 있어서 유의해야 할 점은 논거에 대한 논박과 마찬가지로 상대방의 논증 방식을 논박해 냈다 하여 꼭 상대방의 논제도 논박해 낸 것은 아니라는 것입니다.

다음은 각각 어떤 방법을 이용해 논박하고 있는지를 밝히세요.

① 동혁이는 포유 동물은 모두 육지에서 산다고 우겨 대는 한범이의 주장을 논박하면서 이렇게 말했습니다.

"포유 동물은 모두 육지에서 산다는 주장은 거짓이야. 왜냐 하면 고래는 포유 동물이지만 육지에서 살지 않아."

② 상욱이는 자기의 소꿉친구 준이를 자랑하다 못해 나중에는 이렇게 추켜올렸지요.

"준이는 정말 훌륭한 학생이야. 남의 일이라 하면 언제나 발벗고 나서서 도와 준다니까!"

이 말을 듣고 해철이는 너무도 어처구니없어 이렇게 논박했습니다.

"흥, 준이가 그렇게 남을 잘 도와 준다고? 한번은 옆 집 유석이의 네 살 먹은 동생이 큰길에 나갔다가 집을 찾지 못해서 엉엉 울고 있는 걸 못본 척하고 도망갔는걸?"

③ 어머니는 누나에게 말했습니다.

"넌 어째 동생만도 못 하니? 네 동생은 학교에서 공부를 제일 잘하는 학생이야. 3반은 학교에서 공부를 제일 잘해서 상장까지 받았단다. 그러니 3반에서 공부하는 네 동생도 학교에서 공부를 제일 잘하는 학생이지!"

어머니의 말씀을 들은 누나는 한참 무언가 생각하더니 이렇게 말했습니다.

"어머니, 그런 논리가 어디 있어요? 3반이

학교에서 공부를 제일 잘하는 반이라고 해서 동생도 학교에서 공부를 제일 잘하는 학생이라고 말할 수는 없는 거예요!"

① 논박되는 논제 : '모든 포유 동물은 모두 육지에서 산다.'
논박의 논거 : '고래는 포유 동물이지만 육지에서 살지 않는다.'
논박의 방식 : 논제에 대한 논박으로서 직접논박입니다.

② 해철이의 논박은 논거에 대한 논박입니다. 논박의 유형은 간접논박입니다.

③ 누나의 논박은 논증 방식에 대한 논박입니다.
어머니는 '동생은 학교에서 공부를 제일 잘한다.'는 논제를 논증하기 위해 다음과 같은 삼단논법의 추리 형식을 이용했습니다.

· 3반은 학교에서 공부를 제일 잘한다.
· 동생은 3반의 학생이다.
· 그러므로 동생은 학교에서 공부를 제일 잘한다.

그런데 이 삼단논법은 삼단논법의 규칙을 위반한 것입니다. '3반은 학교에서 공부를 제일 잘한다.'에서 '3반'은 3반 전체를 가리키는 집합개념이고 '동생은 3반의 학생이다.'에서 '3반'은 3반 내의 한 개인을 가리키는 개체개념입니다. 그러므로 이 삼단논법은 '4개념의 오류'를 범한 것입니다. 누나는 바로 이렇게 어머니가 든 논거로는 어머니가 증명하려는 논제를 추리해 낼 수 없다는 것을 밝혔습니다.